人事で一番大切なこと

採用・育成・評価の軸となる「人事ポリシー」の決め方・使い方

フォー・ノーツ株式会社代表取締役社長
「人事の学校」主宰

西尾太

日本実業出版社

はじめに

1990年代以降、企業は「人事の失敗」を繰り返してきました。成果主義の失敗、職務主義（昨今でいう「ジョブ型」です）の失敗、年俸制の失敗、人事部廃止の失敗……。あげればまだまだ出てきます。日本の「失われた30年」と呼応するかのようです。そして何が変わったかといえば、90年代とさして変わらない「人事」がまだまだ多くの企業で行なわれています。

年功序列や終身雇用は長年、その弊害を指摘され続けてきましたが、抜本的な改革に至っていない企業が多くあります。新卒一括採用についても根本的には変わっていません。多少雇用の流動化が進んで、転職する人が増えたかな、といったところです。

基本的には変わっていないのです。

繰り返される「人事の失敗」の結果、日本は世界でも有数の「社員が会社を信頼していない国」になってしまいました。

米国のPR会社エデルマンが世界28カ国、3万6千人に対して毎年行なっている「エデルマン・トラストバロメーター」という調査があります。調査項目の中に、「あなたが働いている会社を信頼していますか?」という問いがあるのですが、これに対して「信頼している」と答えた日本人は他国に比べて非常に少ないことが知られています。日本人の会社に対する信頼度は、これまで数年に及び各国の中で最下位、または、下位2~3位で低迷しています。

「人事の失敗」はなかなか見えにくいところがあります。

「新しい人事の取り組み」についてはメディアで多く取り上げられるため、「あそこの会社がこういうことを始めた」というニュースをよく目にすることができます。しかし、「その結果どうなったか?」についてはほとんど取り上げられません。企業側も「失敗しました」とはなかなか言いません。

「人事部を廃止しました」とある会社の経営者が得意げにメディアに語っていたかと思えば、何年後かにひっそりと人事部が復活していたりします。「やめるのをやめました」とは言えませんよね。

2021年2月14日、日本経済新聞に「富士通、早すぎた成果主義、敗北を抱きしめて」という記事が掲載されました。「『低迷の元凶』人事部　ジョブ型で逆襲」という見出しもあり、人事部が「低迷の元凶」とされてしまった過去が記事になっています。

ここまで「人事の失敗」に踏み込んだ記事は稀で、富士通と日本経済新聞社には敬意を表します。ここには「成果主義がなぜ失敗したのか」ということが書かれています。

大企業でも失敗してしまうのが「人事」という領域です。

しかし、「やってみたらダメだった」というのが許されないのも「人事」という領域なのです。

人事の失敗は、経営や社員に何年にもわたってダメージを与えます。人が離散したり、間違った人を採用してしまったり、処遇すべきでない人に仕事を任せてしまったり、人件費の上昇に耐えられなくなったり、その結果、業績の低迷を招いたりします。その痛手は長く大きく響くのです。

私は大学卒業後、30年以上、「企業人事」の領域で仕事をしています。また、人事コンサルタントとして５００社以上の企業人事を見てきました。それこそ、自分でしでかしてしまった失敗も含めて、多くの失敗を見てきました。

なぜ「企業人事」は失敗するのでしょう。

長く人事に関わってきた中で、1つの「解」が見えてきました。

失敗の原因は「考え方」だということ。

人事制度も採用手法も研修も、なんらかの「やり方」です。

しかし、それをどのような「考え方」のもとで行なっているのでしょうか。

その「考え方」の突き詰め方が足りないのです。

たとえば、「ジョブ型」は「年功序列」などの解決策としてよい方法なのだ、という論評を見ますが、本当にそうでしょうか。

「ジョブ型」というのは単なる「やり方」の1つです。どのような考え方で「ジョブ型」に臨むのでしょうか。「考え方」によっては、最良の「やり方」はジョブ型ではないかもしれません。

基本給を下げることを是とするのか。なぜ下げるのか。給与はなぜ上がるのか。賞与は何に対して払うのか。社員のキャリア形成をどのように考えるのか……。

これらは企業ごとに違う「企業の、働く人に対する考え方」によります。「長く働いてほしい」という企業もあれば、「人が新陳代謝をしていくほうがいい」という企業もあります。それぞれの企業の個性ともいえます。

私たちはその企業の個性ともいえる「軸」となる考え方を**「人事ポリシー」**と呼んでいます。

この軸となる「考え方」＝「人事ポリシー」をしっかりしないまま、人事施策に取り組んでしまうから「失敗」してしまうのです。

一方で「人事に正解はない」という話も聞きます。まあ「人」のことですから、正解はないかもしれません。しかし、そこで開き直ってしまっては何も変わらないままです。**正解はないかもしれませんが、失敗は極力減らさなければなりません。**企業の成長・業績と人の人生がかかっているのですから。

「いい人が採れない。そもそも応募者が来ない」
「社員が成長してくれない。もっと自分で考えて動いてほしい」
「なんで期待している人に限って辞めてしまうのか」

企業において、「人」に関する悩みは尽きません。

確かに悩みは尽きないのですが、本書は、「正しく悩むことで、正解に近づく」ことを目指していきます。

私が本書でお伝えしたいのは、**いい人材（この定義も企業によって違います）を採用でき、人が育ち、自分で考えて結果を出し、チームワークに優れ、好業績が安定的に発揮できるための人事です。**

これだけは知っておきたい、そして難しくない、ひょっとしたらすっきりとしてかつワクワクするかもしれない人事とその考え方をご紹介します。

「働く人への考え方」次第で、あなたの会社の未来、そして働く個々人が大きく変わるのです。

CONTENTS

Chapter 2 人事は「やり方」の前に「考え方」

Chapter 3 一番大事な「人事の軸」をどうつくるのか

Chapter 4

人事ポリシーフレームで人事の軸を整理する

Chapter 5
人事ポリシーの活用

Chapter 6

人事部門のポリシーをつくる

装丁　小口翔平＋後藤　司（tobufune）
本文デザイン・DTP　ナカミツデザイン

本当は怖い
「人事の失敗」

Chapter 1

01

「人」は大切な、はず

会社にとって「人」は大切ですか？

この問いにNOと答える経営者はおそらく1人もいないでしょう。

事業を成功させ成長させていくには「人」が必要です。

昨今はIT化がどんどんと進みAIやRPAといった機械が業務を行なうことも多くなってきましたが、それでもその機械を使うのは「人」です。

どんな企業も、経営者も、「人」を大切にしたいはずです。

しかし、だからこそ、一番の悩みの種でもあります。

私たちは人事コンサルタントという職業柄、多くの経営者や人事担当者の皆さんから、人に関してのご相談をいただきます。お悩みはさまざまです。

まずは「採用」に関するもので、**「いい人が採れない」**という問題です。

次に、入社後に関するもので、**「定着せずに、辞めてしまう」**という問題。

そして、**「育たない」「成長しない」**という問題です。

これらに対処するために、経営者も人事も、さまざまな人事施策に取り組みます。しかし、それも悩みの種で、その施策が効果を発揮しない、またはかえって逆効果になってしまった、ということもよく聞きます。

なぜうまくいかないのでしょうか。人を大切に思っているはずなのに、さまざまな取り組みが頓挫してしまう。人が辞めてしまう……。

この問題について考えていくのが本書です。

突然ですが、皆さんに質問します。

Q1）「いい人」とはどのような人ですか？

Q2）「人を大切にする」とはどのようなことですか？

Q1に対しては、多くの方が「明るく元気で素直な人」と答えます。そうですね、多くの企業が求めている人材像です。「やる気のある人」というのも、同様でしょう。しかし、それだけでは、他社と差別化できません。他社ではなく自社に来てもらい、活躍してもらうためには、これだけでは十分ではありません。

実はこの「いい人」というのが難しいのです。**「自社が求めるいい人」とはどのような人なのか、そこをしっかりと定義し、それを採用活動時も、入社後も示し続けなければなりません。**

「私はみんなが好きです」では、意中の人と結婚できません。「私はあなたが好きです」とまずは伝えなければなりません。次に「こういうところが好きです」と伝えます。それを相手が認めてくれれば、結婚に向かえるかもしれません。相手からも「あなたが好きです」「こういうところが好きです」と教えていただきたいとも思います。

採用も入社後も、同様なのではないでしょうか。「当社は明るく元気で素直な人に来てもらいたいです」と伝えただけでは入社に向かった行動はとってくれないでしょう。

入社後も、「会社はあなたにこういうことを求めています」としっかりと示さないと伝わりませんし、期待通りに働いてもらえないでしょう。

Q2についても、人は大切ですが、それだけ伝えても効果はありません。「当社は人を大切にする会社です」と言ったところで伝わりません。「大切にするって、楽をさせてくれるってこと?」と思われても困るのではないでしょうか。「大切にする」とはどのようなことなのか、しっかりと示さなければなりません。

02

人事の失敗から「人を大切にする」を考える

「いい人」とはどのような人なのか、「人を大切にする」とはどのようなことなのかを、人事の失敗例を見ながら考えていきましょう。

採用の失敗

経営者や人事担当者の悩みの多くは「採用」に関することかもしれません。しかし、そもそも「採用」は失敗と背中合わせです。成功するほうが稀なのかもしれません。

企業人事の機能の中には、たとえば「採用」と「給与計算・支給」がありますが、給与が「確実性（間違えてはならない）」を求められるのに対して、採用は「可能性」を追求する仕事です。そもそも「人」はわかりませんから、失敗はつきものといえます。

人材紹介会社の友人も人事部長の友人も、「人って採用してみないとわからないよね」と言います。かくいう私も、人事担当者時代からこれまで数多くの採用の失敗をしてきました。確かに「適性検査や面接では完全に見抜けない」ものです。それでも「可能性に賭ける」採用をして、結果、「失敗だった」ということを繰り返してしまいます。

しかし、「しかたないよね」で済ますことはできません。

では、どうするかといえば、2つの解があると思っています。

1つは、「求める人材像」を明確にすることです。

いろいろな企業の採用ホームページを見てみてください。楽しそうに働いている先輩はたくさん出てくるのですが、肝心の「どういう人を求めているのか」を具体的に示している採用ページは少ないのです。つまり、その企業独自の「求める人材像」が示されていません。

「それを示したら人が来ない」と思いますか？

自社の求める人材像を明確にして伝え、その上で選考に臨み、求める人材像に近い人材を選んでいくという過程を経ることで、採用の成功率を上げることはできます。

私はベンチャー企業で人事部長をしていたとき、求める人材像を経営者とともにつくり上げ、それを説明会で伝え、さらに最終選考に近い人たちに、だいたい90分程度、「求める人材像」「なぜそのような人を求めるのか」について説明し、それでも「入社してもよい」と言ってくれた人を採用しました。厳しいことも伝えました。どうやらかえってそれを伝えたほうが、響く人には響いたようです。

求める人材像には、その人の能力や経験もありますが、それ以上に大切なことがあります。「そもそもなぜ働くのか」「何を目指すのか」「どのような働き方を望むのか」など、志向性やキャリアビジョンです。第4章以降で、求める人材像を定めるフレームを示しますので、考えてみてください。

2つめの解は「入社後のキャリアステップを明確にする」です。

ある会社で新卒を300人採用しました。人数的にはほぼ計画通りで、この採用は成功といえば成功でした。しかし、入社後1年間で3分の1の100人ほどが退職し、2年目もほぼ同数が退職してしまいました。これを振り返ると、この採用は成功だったのでしょうか、失敗だったのでしょうか。

この離職理由の多くは、「採用したあとのことを考えていなかった」に尽きます。入社後の研修や配属のプログラムを十分に考えずに、「とりあえず採用しよう」となってしまったのです。そもそも求める人材像も不明確だったのかもしれませんが、**「採ったあとどうするの？」を十分に考えないと、採用コストも受け入れコストも人件費も、何より入社してくれた人たちの時間も無駄になってしまいます。**

私が２００９年から続けている「人事の学校」という講座があります。２時間のプログラムを12回行なう人事担当者向けの講座で、全12回の内、第３回のテーマが「採用」です。この講座には毎回多くの人が参加してくれます。

しかし、第４回のテーマが「人員計画と人材配置」で、これは採用の前後にあることなのですが、こちらの受講者は第３回に比べて極端に少ないのです。「採用にだけ関心がある」のでしょうか。

採用する前と先に何があるのか？　そこをよく考えておかないと、採用だけ切り出しても答えは本来出ないはずです。

新卒を採用する理由とは?

●あなたの会社では、新卒採用をしていますか?

Q) なぜ新卒を採用するのですか?

私は、この問いを経営者や前述の「人事の学校」などで多くの人に投げかけてきました。一瞬、皆さんとまどわれます。「え? なんでだっけ?」。

多くの答えは「他社を経験しておらず真っ白だから」というものです。「新卒のほうが、中途より定着するから」という答えもあります。

本当にそうでしょうか。

私は「新卒採用は真っ白だから染めやすい」「中途よりも定着しやすい」という考えは、ある種都市伝説に近い、根拠のない考え方ではないかと思っています。

「新卒は真っ白」という気持ちはわからなくもありませんが、SNS全盛の今日、接する情報量は豊富で、かえって経験がないぶん誤った就業観や会社観を持っているかもしれません。

また、新卒が定着しやすい、というのは、多くの企業で新卒に対しては導入研修やOJTなど時間をかけて丁寧に教育を行なっているからではないでしょうか。それに対して、中途採用は半日程度の会社説明で現場に配属ということも多いようで、これが定着に結びついていない一因とも考えられます。

中途採用でも、きちんと時間をかけて教育し、組織に溶け込めるような施策をすれば、定着率は新卒と変わりません。場合によっては他社を経験している分、自社のよさを感じてもらえるかもしれません。

新卒が3年で3割辞めるといわれる時代です。場合によっては数年で全員が辞めてしまった、ということもあります。それでは募集から採用までの活動がまったく無駄になります。

少子高齢化で、若手の採用はこれまでになく難しくなっています。大手志向も変わっていません。そして、テレビを見れば、転職に関するCMを見ない日はありません。それこそ「明るく元気で素直」な若手は、中途採用市場でもひっぱりだこです。

新卒採用には莫大な時間とお金と手間がかかります。入社後の教育も同様です。そのリソースを、中途採用者や既存社員への投資に活用すれば、定着率も高まり、優秀な人材も育つかもしれません。

それでも新卒採用をするのであれば、なぜなのか、を明確にしましょう。**いま一度、「なぜ新卒採用をするのか」を問い直す必要があるでしょう。**第3章以降でこちらも考えてみましょう。

「では中途採用にしよう」はOKなのか

だからといって、中途採用がうまくいくのかといえば、そうとは限りません。

「当社には人を育てている時間なんてないから即戦力を採用したい」という経営者もいらっしゃいます。

確かに、転職してきた社員が、入社初日からバリバリ働き、高い成果を上げる、そんな人材であったらどんなにすばらしいでしょう。

しかし、世の中それほど甘くはありません。人が足りなくて猫の手も借りたいような状況で採用すると、たいていは失敗してしまいます。

人事業界では「お腹がすいているときに採用してはいけない」という格言（？）があります。空腹時は何を食べてもおいしく感じます。場合によってはあわてて食べてお腹を下すこともあります。採用担当者の皆さんは、自社が「お腹がすいていないか」よく自覚しましょう。

とはいえ、確かにお腹がすいているから食べるのであって、食べるものを選んではいられないということもあるでしょう。昨今は「人手不足倒産」も増えています。

先ほど「新卒採用はよく考えろ」と言ったじゃないか、中途も気をつけろ、では、どうしたらいいんだ⁉︎ とも思われるでしょう。

中途採用の成功率は私のこれまでの実感値では約４割です。採用方針をしっかり定めて慎重な選考を行なわないと、６割以上は失敗に終わってしまいます。

特に注意しなければならないのは、社員がモンスター化してしまうことです。私たちのところにも、「モンスター社員をどうしたらいいでしょう」というご相談はしばしば来ます。

モンスター社員とは、モンスターペアレントなどと同じで、企業や職場をおびやかす、自己中心的かつ理不尽な困った社員を指す言葉です。

ある会社では、マネージャーの経験があるという人物を即戦力として採用したところ、実際にはマネジメントがまったくできないことが露見してしまいました。

だからといって解雇はできませんし、すぐに退職勧奨するというわけにもいきません。しかたなく本人に「今後はプレーヤーとしてがんばってほしい」と伝えたところ、「それは話が違います！　私はマネージャー以外の業務はやりません！」と逆ギレされたそうです。

実は雇用する際に不備があり「マネージャーとして採用する」という雇用契約書を交わしてしまっており、本人の同意なく配置転換も難しい。一方でマネージャーとして成果はあげない、他の仕事は一切しないという人を評価するわけにもいかず、低評価をすると「不当だ！　訴える」と騒ぎ出し大問題となりました。

「即戦力」というのも、とても曖昧な言葉です。能力や経験があったとしても、企業が求める方向性と違っていたり、志向性が想定と違ったり、採用した時点では戦力になったとしても、数年先にそれが続かなかったりします。

だからこそ、求める人材像を明確にし、中途採用でも決してないがしろにせず、きちんとした採用選考と教育を行なう必要があるのです。

漠然と「長く働きたい」という応募者もいます。しかし、その「長く」の間、何を成し遂げたいのか、を語れる人は多くありません。

私が採用したいと思うのは、たとえば「入社後3年から5年の間に○○をやりたいです」と明確に語れる人です。この人が、3年や5年でそれを成し遂げたときに、次にやりたいことが自社にあれば続けて働くでしょうし、なくなれば辞めるでしょう。ちなみに、これまで見てきた中では、こういう志向の人のほうが、結果的には長く働いてくれています。

要するに、「どんな人材にどれだけの期間働いてもらうのか」をしっかりイメージして採用に取り組んでいただきたいのです。

「どうやって採用するのか」の前に、「誰を採用するのか」を明確にするのです。

「人が来ないから給料を上げよう」は要注意

採用には「給与」の問題もあります。

給与を上げれば人が採用できるでしょうか。

確かに短期的には効果があるかもしれません。しかしそれだけでは、もし他社も給料を上げてくれれば、その人は簡単に転職してしまうかもしれません。

また、「入社後の給与アップは何をもって行なうのか」などもしっかりと考えておかなければなりません。入社時は高かったけど、その後は上がらない、ということではモチベーションも上がらず、離職につながります。

私たちのクライアントで、給料は決して高くない（というかかなり安い）会社があります。しかし魅力的な事業をしており、優秀な若手を集めて育てています。

その会社は経営ビジョンがしっかりしており、いまは安いけど将来は収益を上げて給料も上げていく、という道筋が見えています。もちろんその通りに行くかどうかは今後次第でしょうが、少なくとも事業の意義と将来の希望はあります。

求める人材像とともに、企業の中長期的なビジョンを明確に示すことも有効です。

「人が来ないから休みを増やそう、残業を減らそう」も要注意

休みを増やして労働時間を減らせば人が採用できるでしょうか。もちろん、ブラック企業といわれる会社の「超長時間労働」は肯定できません。

一方『日経ビジネス』にこんな記事がありました。

「〝いい会社〟になったはずなのに何か変　その会社『ゆるブラック』です」。

「ゆるブラック企業」という言葉は2021年頃から登場してきました。

働き方改革を進めるあまり、「ただ残業を減らす」ということを行なってきた結果、たしかに労働時間は減ったが、「働きがい」「やりがい」までもがなくなってしまった、というものです（次ページグラフ参照）。

結果、若手が離職していきます。「たしかに労働時間は減ったけど、ここにいては力がつかない、成長できない」と思ったというのです。そして優秀とされる社員ほど、そう思う傾向があるように思えます。

「残業が多くても文句を言われ」「残業を減らしても文句を言われる」とお思いかもしれませんが、そもそも「残業はよくないから減らそう」「休みが少ないのはよくないから増やそう」という一方向の価値観と施策展開は、逆効果も生むわけです。

社員が求めているのは「楽な仕事」ではないかもしれません。「厳しくても成長する実感が得られる仕事」を欲しているわけです。自社が社員に何を求めるのかをしっかり考えてから、人事施策を展開すべきなのです。

働きがいと働きやすさ

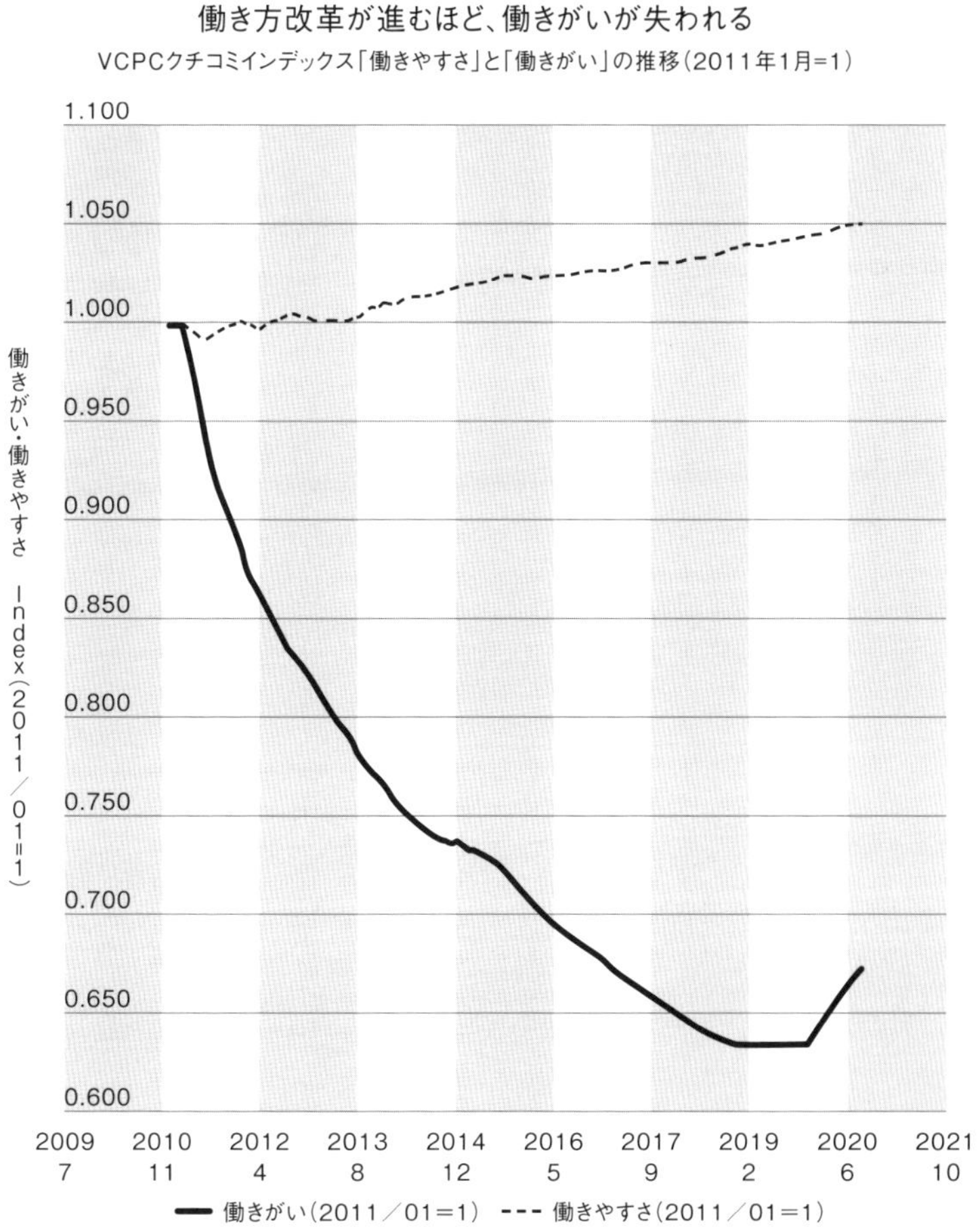

OpenWorkのデータをもとに、クレジット・プライシング・コーポレーション（CPC）のアナリスト、西家宏典氏が作成（日経ビジネス）

03

人事施策の失敗

社員に対する人事的施策も失敗例が多くあります。採用した後の問題です。

私の会社、フォー・ノーツ株式会社で、２０２３年に行なったアンケート調査の結果を紹介します。

このアンケートにおいて、「あなたの会社でこれまで導入した人事制度や実施した人事施策について、うまくいっていない、もしくは失敗だったものがあれば教えてください」という設問がありました。

その結果が次ページのグラフです。

やはり、いろいろと失敗があるようですね。

その失敗の結果、どのような影響があったかも尋ねました。

人事の失敗施策①

あなたの会社でこれまで導入した人事制度や実施した人事施策について、
うまくいってない、もしくは失敗だったものがあれば教えてください。

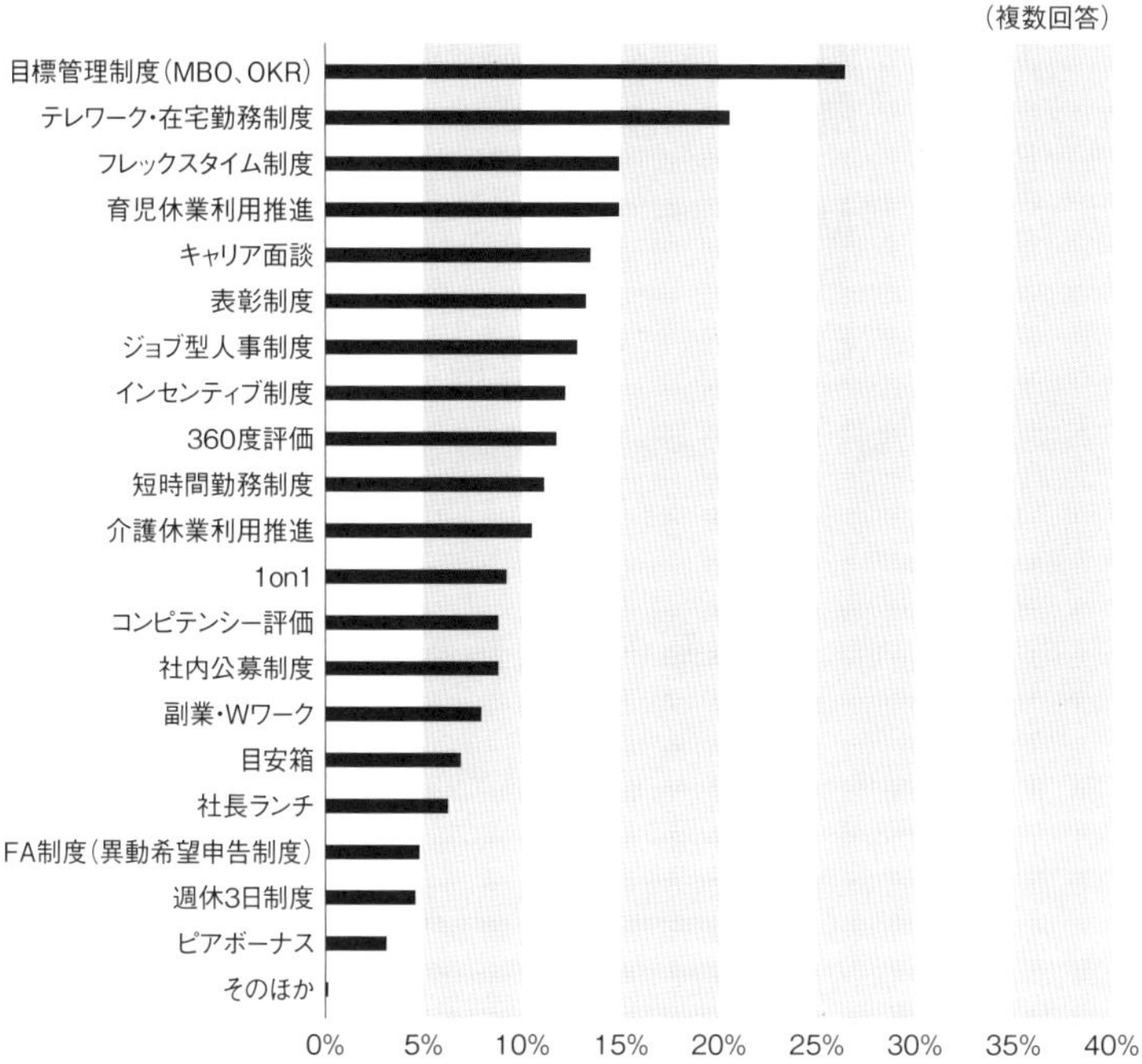

調査名……「人事制度・人事施策に関する実態調査」
対象者……企業の人事業務に携わっている人事担当者および経営者・役員
対象地域……全国
男女比……男性87.8%、女性12.2%
調査方法……インターネット調査
調査期間……2023年8月24日～8月27日
回答数……所属企業の社員数別に計475名、99人以下：129名、100～299人：118名、300～999人：114名、1000人以上：114名

「特に影響がない」という失敗施策は、その施策が成功した場合の有効性に疑問がありますね。それはともかく、人事施策の失敗が、さまざまな悪影響を及ぼしていることがわかります。管理職が一番疲弊してしまうのですね。そして会社への信頼感が落ちてしまっています。「本当は怖い人事の失敗」なのです。

いくつかの失敗施策について考えてみましょう。

目標管理制度（ＭＢＯ）

目標管理（Management by Objectives and Self-Control：ＭＢＯ）は、１９５４年に経営学者ピーター・Ｆ・ドラッカー

人事の失敗施策②

前の質問で回答した人事制度や人事施策について、
それが失敗したことで社内にどのような影響がありましたか。

（複数回答）

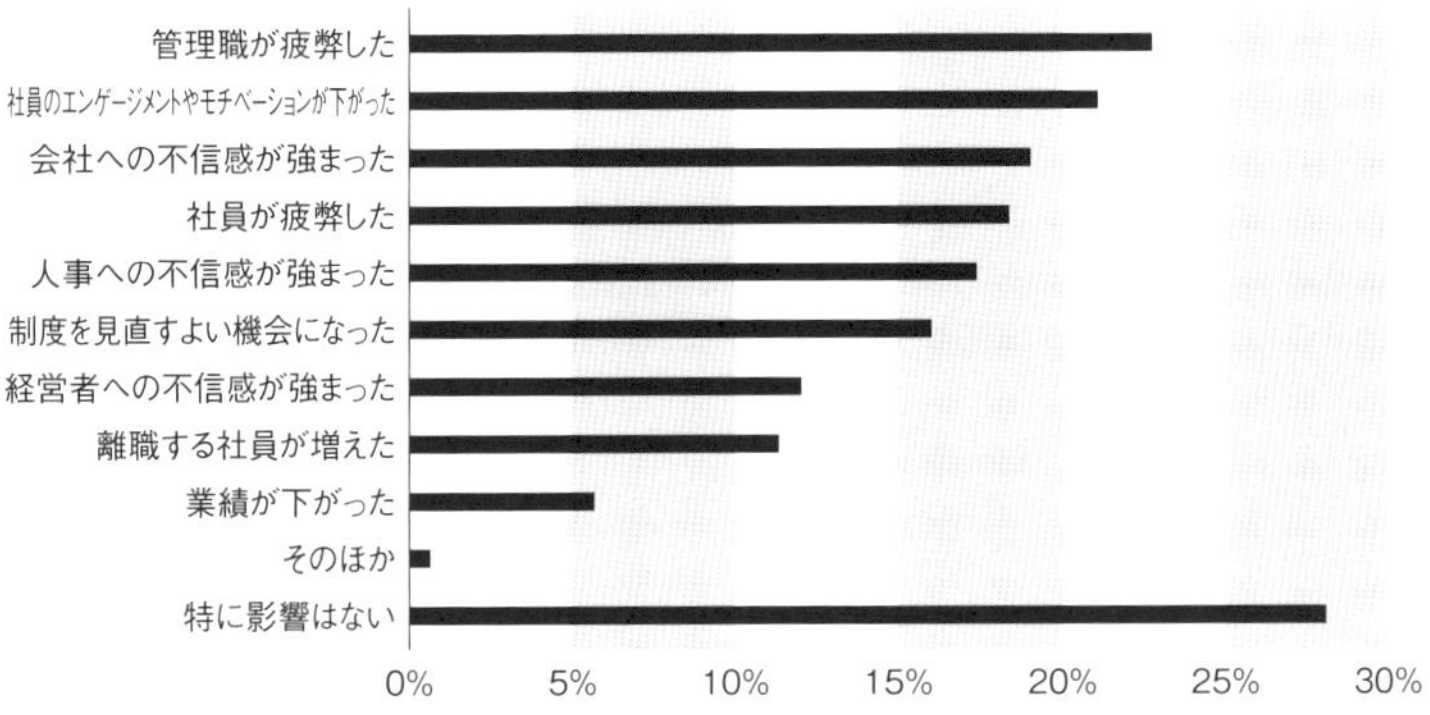

が著書『現代の経営』の中で紹介したマネジメント手法です。「目標と自己統制によるマネジメント」の意味で、命令や強制ではなく、自主性や自己統制に基づいて目標を達成していく仕組みです。本来的には「社員自らが目標を定め、そこに向けて自身でプロセスを管理して仕事をしていく（セルフコントロール）」ためのものです。

この仕組みや、ここから派生したＢＳＣ（バランスド・スコア・カード）やＯＫＲ（オブジェクティブス・アンド・キーリザルツ）といった、業績管理手法、評価手法を導入している企業は多くあります。

しかし、これがうまく運用されている企業はそう多くないと思います。私たちが人事制度のコンサルティングを行ない、制度導入後に最も苦労することの1つが、この目標管理制度の運用です。

そもそも、この仕組みは社員が自分で自分をマネジメントする「自己統制（Self-Control）」をベースとして考えられていたはずの仕組みです。しかしうまくいっていない。

その理由は大きく2つ考えられます。

1つは**「目標が上からドーンと降りてきて、社員自ら考えたものになっていない」**。もう1つは**「目標の達成基準（どうなったら達成といえるのか）が明確でない」**ということです。

実際に、私たちが現場で目にする問題の多くもこの2つです。

そもそもこの仕組みは自己統制を求めるため、「性善説」に基づく考え方でないとうまくいきません。目標を社員自らが考えて、自ら目標を達成するように努力するものだ、という前提がなければなりません。

したがって、企業の「人」に対する考え方自体も「性善説」でないとうまくいかないのです。

それなのに、目標を社員に考えさせず、上から落としてしまえば、社員の自主性は生まれません。

また目標そのものやその達成基準づくりは、非常に根気のいる仕事です。1度や2度運用しただけでは、その目標や達成基準が適正なのかどうかわかりません。

何度も繰り返し運用することによって機能し成果をあげることができるのです。

したがってこの仕組みを入れるときには、経営も人事も管理職も、「そうとうの覚悟」がなければ機能しません。どういった考え方や運用イメージを持って導入されたのでしょうか。

しかし、私たちは、これを根気強く運用した結果、飛躍的に業績向上を果たした会社を知っています。

このような人事施策は効果をあげるまでに数年を要する場合もあります。それまでの間、現場からは数々の不満の声が上がってくることでしょう。それでも経営者も人事担当者も、くじけずに続けていかなければなりません。そのためには、企業の人事の考え方がしっかりしていることが大切なのです。

テレワーク・在宅勤務制度、フレックスタイム制度

テレワークはコロナ禍で広がった働き方です。毎日通勤地獄を味わって会社に行かなくてもよい、以前から見れば夢のような施策です。しかし、失敗施策の上位にあがっています。コロナ後、アメリカ大手ＩＴ企業も、社員に「出勤せよ」と求めるようになりました。よほどよく考えないと、テレワークは成果につながらないかもしれません。また業種や職種にもよるでしょう。

フレックスタイム制も魅力的な施策の1つですが、アンケートでは「本当にいてほしいときにいない」「朝7時ごろ出社しているようだが何をしているのかわからない」といったコメントの回答もありました。

もしこれらの施策を行なうのであれば、前述の目標管理制度を、本当にしっかりと運用しなければならないと思います（目標管理が本当に機能していれば、テレワーク、フレックスタイムは機能するでしょう）。

360度評価

360度評価とは、被評価者（本人）を、上司、同僚、部下が、多面で評価する施策です。なぜこれが必要なのでしょう。

要するに、人事評価者である「上司」が信頼されていない、ということではないでしょうか。まあ、私の人事部長時代、「あの人（上司）に評価されたくない」と言ってきた現場の社員もいましたから、気持ちはわかります（私もそう思われていたかもしれません……）。

では360度評価が、公平で公正かというと、まったくそんなことはありません。

考えてもみてください。私たちは人事制度を導入した際、必ず評価者研修を実施します。研修の対象は上司にあたる人たちです。彼らに評価基準や評価目線を理解してもらうだけでもものすごくパワーが必要です。そして研修をしたとしても、何回か実際の人事評価を回さないと、なかなか公正な評価には近づきません。

それでも、なぜ上司である管理職に研修をするのでしょうか。それは彼らが「育成責任者」だからです。メンバーの育成に「責任を持つ人」なのです。だからこそ、しっかりと評価をしてフィードバックをして、本人に気づきを与えて成長のきっかけをつくらなければなりません。「責任があるからこそ評価する」のです。

360度評価で、評価をする周囲の人々すべてが「育成責任者」だということはなく、すべての人たちが公正な評価基準や評価目線を持つことは、管理職だけに理解してもらう何倍もの労力を要するでしょう。

要するに、非常に手間がかかる割には、公正ではないのです。

ある人事部長は「あれは人気投票だからね」と言っていました。

とはいえ、360度評価を「本人」が周囲からどのように見られているかを気づく「教育施策」ととらえれば効果はあるかもしれません。本人が「こう見られているよ」ということを客観的に把握することには意義があるでしょう（また、実は360度評価は、本人の上司が試される施策ではあります。上司の本人に対する評価が、周囲からの評価からかけ離れていた場合、「あなた、何を見ていたの?」ということになります。上司の部下を見る目が、如実に表れるのです)。

しかし、「本人」の処遇(給与やポジションなど)を決める指標となる「人事評価」において、責任のない人の評価を取り入れることには慎重になるべきでしょう。

「360度評価は、公平でも公正でもない」と、とらえながら、どのような考えでこれを導入するのか、よく検討してください。

ジョブ型人事制度

ジョブ型人事制度は2020年頃から、日本型雇用慣行(終身雇用・年功序列・企業内労働組合、あるいは新卒一括採用など)を見直すべきだ、という論調の中、改めて経営者団体やマスコミで取り上げられるようになりました。

「改めて」というのは、このジョブ型は、決して新しい考え方ではなく、バブル崩壊後の90年代にすでに試行されたことがあるのです。「人」ではなく「仕事」にお金をつけて、「誰がそのポジションについても給与は一緒だよ」という仕組みです。欧米では普通に導入されている仕組みです。

日本企業が、法制度も含めてまったく欧米と同じことをするならば意義があるでしょう。

しかしそうはいきません。また、ジョブ型に対比して、ジョブローテーションで人を育てる人材育成法を「メンバーシップ型」と呼ぶようになりましたが、メンバーシップ型とジョブ型は相容れにくい考え方です。

それでも実施するのならば、これもそうとうな覚悟が必要です。そのジョブができなかったら給与を下げるのか、欧米では「解雇」もありますが、日本ではどうするのか。

日本式ジョブ型雇用という、なんだか折衷的な方法論もありますが、いいとこ取りしようとして、結果的に中途半端になってしまうことがないように願うばかりです。

これも、「自社はどう考えるのか」をしっかり議論してから検討すべきです。

インセンティブ制度、各種手当

「インセンティブとして、お金をつけると社員はがんばるだろう」と考える経営者も多くいます。

人参をぶら下げて走らせる、ともよくいわれます。

ただし、実際は「うまくいっていない」「失敗した」と多くの方がおっしゃっていますので、これも要注意です。

インセンティブがつく職種（たとえば営業）と、そうでない職種（技術・開発や事務など）の不公平感は出ないのか、インセンティブのために無理な営業をして顧客からの信頼を失わないのか、などよく考えなければならないことがたくさんあります。

また、各種手当も同様です。住宅手当や家族手当がある会社は「よい会社」のように見えますが、果たしてそうでしょうか。

私は、「住宅手当」や「家族手当」は、「それをつけない人を見つけて、お金を払わない仕組み」と考えることもできると思います。「実家に住んでいるから払わないよ」「家族がいないから払わないよ」という人を見つけているともいえるのではないでしょうか。

このような成果や職務行動に関係ない手当を「属人的手当」と呼びますが、これらも「あればよい会社」と単純に考えてはならないと思います。

特に家族手当で、子ども1人に5000円つけたとして、社員はそれでやる気になってパフォーマンスが上がるでしょうか。私は社員が、「5000円で子どもが育てられるわけがないじゃないか」と言っているのを聞いたことがあります。「お金を払っているのに感謝されない手当」っていったいなんなんでしょう。

インセンティブや各種手当という「お金」の使い方は、よくよく考えたほうがよいでしょう。

1on1、キャリア面談

1on1ミーティング（以下1on1）とは、短いサイクルで定常的に実施する、上司と部下が1対1で行なう対話のことです。最近、多くの企業で導入されています。このミーティングはおおむね週に1回～最低でも月に1回実施するのが望ましいとされています。1回の実施時間は30分～1時間程度です。

あるIT系メガベンチャーの役員は「週に1回、1時間ずつ、8人の直属の部下に実施しているので、これで1日がつぶれる。しかし、考えてみれば、これ以上大切な業務はないとも思う」とおっしゃっていました。

キャリア面談は、上司または人事担当者が定期的に行なう、キャリアビジョンやキャリアプランに関する面談です。

これらの取り組みは、私の印象では、ＩＴ企業など、「忙しいとされる企業ほどしっかり実施している」ようです。彼らは、人材流動性が高い業種で、若い人も多い。したがって、自社で成長実感を若手が持たないと流出すると考えているからだと思います。

逆に、年功序列的な伝統的な企業は、ちゃんと実施していないようにも思えます（もちろんしっかりされているところもあります！）。「忙しくて月に1回もできない」と言う管理職もいました。メンバーを育てるのが管理職の仕事、というとらえ方をしていないのでしょう。企業も業績重視で、人材育成を後回しにしているのかもしれません。「人は大切」と理念や社是で唱えていたとしても、これでは「言っていることとやっていることが違う」ということになってしまうでしょう。

そして、１ｏｎ１もキャリア面談も、一度導入したら、ずっと続けなければなりません。**人事で一番よくないことは、「いつのまにか立ち消えになった」「あれってなんだったんだろう」ということです。**人事部門が、そして会社が最も信頼を失うのはこういうことなのです。

これらの施策も、ちゃんと考えて導入して、粘り強く、習慣になるまで続ける、という覚悟が求められます。

他にもある、人事の失敗談

その他、よく聞く失敗談には、次のようなものがあります。

●「若手を抜擢したら、周囲がやる気になるだろう」と思って実施したら、「なんであいつが」と逆にモチベーションを下げてしまった。

➡実際に見ましたが、この抜擢は「社長からよく見える、社長のお気に入り」だったかもしれません。周囲はそこまで評価していませんでした。人望って大事ですね。

●「カッコいいオフィスに移転したら、みんなやる気になるだろう」、と思って移転したら、最初はよかったが、そのうち元に戻ってしまった。

➡私は以前、「恵比寿ガーデンプレイス」という東京のおしゃれなオフィスで働いていました。オフィスまで最寄りの恵比寿駅から「動く歩道」で雨に濡れずに行くことができます。オフィスからの眺めもすばらしかった。しかし、数カ月もすると、「駅から遠いなあ」と思うだけになりました。

●「評判の研修を実施した」が、しばらくすると、その際に出たお弁当のことしか覚えていなかった。

➡よくある話です。研修は各種あり、それぞれがしっかりしたプログラムですが、評価制度との関連性などをよく考えないと、一過性で終わってしまいます。

●会員制福利厚生クラブに入会した。最初は社員に喜ばれたが、調べてみるとヒマな社員しか使っていない、本当に使ってほしい人は忙しくて使えない。

➡福利厚生が充実していると社員は喜ぶでしょう。しかし、よくよく考えてみると、「福利厚生が充実しているからこの会社にいます」という社員は、本当に「求める人材像」でしょうか。

ちなみに私は人事部時代、福利厚生については大変悩みました。

そして出した結論が、**「福利厚生は、社員が仕事をする環境を整える施策群」**である、ということでした。

旅行支援も自己啓発支援もスポーツクラブなどの健康施策も、すべてが「仕事をする環境を整える」ためのものです。家族と過ごしてリフレッシュして「仕事してね」、自己啓発して能力を伸ばして「仕事してね」、健康を維持向上して「仕事してね」というものだと考えました。

　そしてキーワードは「公平」です。社員それぞれのニーズに対して（特定の誰かではなく）、（公平に活用できるものであるべきだと考え、その上で、会員制福利厚生クラブに入り、またカフェテリアプランとして社員全員に同じポイントを付与してさまざまな「仕事をするための環境を整える」ために使ってもらえるようにしました。これならば福利厚生クラブもよいものだと思います。

●フリーエージェント制度、社内公募制度
社内公募制度が実施され、応募して公募元もぜひ来てほしいということになった。しかし直属の上司が反対して実現できなかった。

➡フリーエージェント（FA）や社内公募そのものは、よい仕組みに思います。

しかし、これらの仕組みを導入する際は、「人事権」をどうするかということをしっかり仕切っておかなければなりません。ここでいう人事権は「誰がその社員の異動を承認する権限を持っているか」です。通常は直属の上司です。社内公募で応募して選ばれる人材はたいてい優秀層です。上司はこのような人材を離したくないはずです。「公募優先」ということを全社的に仕切っておかないと失敗します。

以上、さまざまな人事の失敗を見てきました。

1つひとつの施策そのものは、単体では「悪いもの」ではありません。うまくいけば効果が上がるものです。しかし、うまくいかないことが多い。なぜでしょうか。うすうすおわかりかもしれませんが、次章でその原因について考えてみましょう。

人事は「やり方」の前に「考え方」

Chapter 2

01

人事は「やり方」だけではうまくいかない

これまで見てきた採用や各種人事施策の多くは、人事の「やり方」です。

この「やり方」をどのような「考え方」で実施するのか、ということが大切なのではないでしょうか。

「どのような人を採用するのか」という「考え方」をしっかりした上で、「どのように採用するか」という「やり方」を考えなければならないのです。「あの採用手法がよさそうだ」と飛びつくのではなく、「そもそもどんな人を採用するのか」から始めないと失敗するのです。

「どのように社員に成長してほしいのか」という「考え方」をしっかりした上で、「どのような教育施策や研修が必要なのか」という「やり方」を考えなければなりません。「あれは他社も実施しているよい研修みたいだ」と飛びつくのではなく、「そもそもどんな人材を育てていくのか」から始めないと失敗します。

「マスコミでよく紹介されているジョブ型がよさそうだ」と始めるのではなく、社員のキャリアステップをどのように考え、社員の何を評価するのかを考え、給与をどのようにしていくのかを考えた上で、「どのような制度が自社にフィットするのか」という「やり方」を検討しなければならないのです。

人事担当者は「新しい何か」が好きです。「新しい何か」のセミナーには多くの人が集まります。

ですが、その「新しい何か」は、人事の「考え方」なのか「やり方」なのかを

考え方とやり方

企業人事で大切なこと

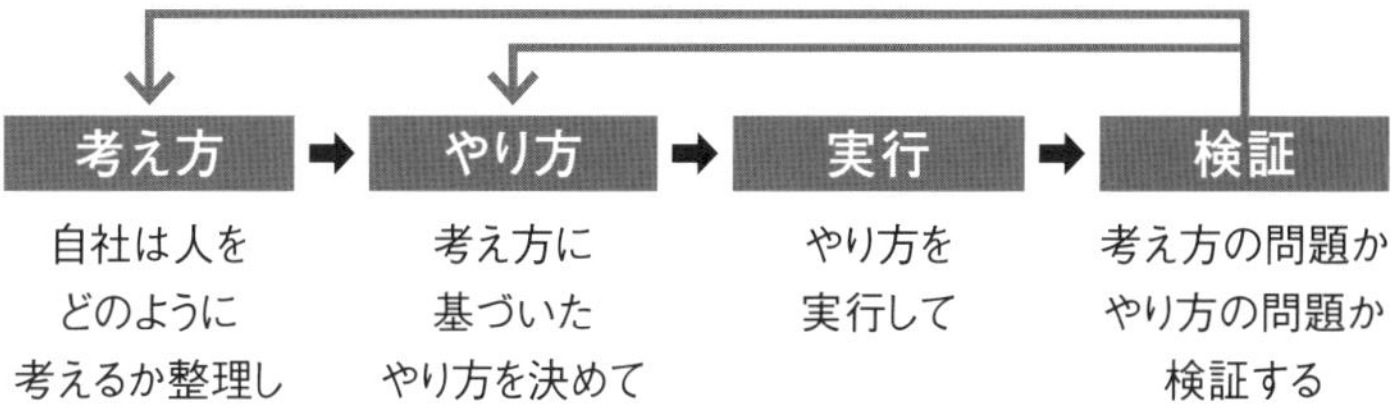

考え方をしっかりと検証・確認しないまま、「やり方」から入ってしまうと失敗する

結果、「やり方は崩壊」し、放置すると「考え方は歪む」。
結果、社員から信頼されない会社になる。社員のやる気も削がれる

見極めなければなりません。でないと失敗してしまいます。

〝意識高い人事担当〟のAさんは、他社の人事担当と交流を広げたり、さまざまな社外勉強会に参加。そうした中で他社の人事施策の話や社内制度の話を聞くうちにそれが魅力的に映り、

「うちにはない制度だから導入しよう！」

と、背景にある課題を踏まえず導入へ。

なんの疑問も持っていないAさんは大々的に社内広報をして、いくつかの制度を導入したが、社員からは「なんでいまこの制度なんだよ。こんなのより先にあの不公平な評価制度をなんとかしてくれよ」

「こんな制度にお金をかけるくらいなら給料を上げてほしい」

などと、陰口を叩かれる始末。

「よいものは確かによい」のかもしれませんが、それが自社にフィットするかは別問題です。「流行のよい服」も、自分に合ってなければ着られません。

02 「人事」の構造

前述の問題を考えるために、「人事の構造」について見てみましょう。

私は、人事は次ページの表のような構造をしているととらえています。


「人事」には、大きく分けると**「ベタベタな人事」「ベタな人事」「おもしろ人事」**という3つの構造があります（この「ベタベタ」や「ベタ」という言葉は私が長らく人事に携わってきた中で感じ、考えたもので、一般的なものではありませんのでご了承ください）。


もっともベースにあるのは「ベタベタな人事」で、給与計算・支給、労働時間管理、労働法規対応と就業規則の整備など、**企業人事を行なう上で最低限必要となるもの**です。

この基礎構造の上に、「ベタな人事」があり、人員計画、採用代謝、任免、配置、そして等級制度・評価制度・給与制度といった「人事制度」などがあります。

建物でいえば、「ベタベタ」は土台となる基礎工事で、「ベタ」が柱や梁といった躯体に

人事施策の構造

経営理念／事業戦略／人事ポリシー

中長期的人事戦略

〈人事領域〉人員計画・採用・配置・キャリアステップ・評価・給与・教育・労務

おもしろ人事

抜擢	主要人材評価	幹部年収	採用イベント
表彰制度	各種研修	自己申告制度	インセンティブ
法定外福利	FA制度	社内イベント	社内サークル

基幹的人事機能

ベタな人事

人員計画	等級制度	基幹教育体系
採用活動	評価制度	規程改定
任命・配置	給与制度	労務問題対応

ベタベタな人事

労働法規遵守	労働時間管理	給与計算・支給
就業規則	労務リスク管理	社会保険等
人事関連規程	人事情報管理	法定福利

なります。私はここを**「基幹的人事機能」**と呼んでいます。

その上に、建物の外観や内装にあたる、**「おもしろ人事」**があります。「おもしろ人事」は、前掲の図にあるように、さまざまな人事的施策で、「あの会社でこんなことを始めたらしいよ」といった新しい取り組みなどになります。

家づくりは、つい外観や間取り、デザインに気を取られがちですが、耐震性・耐久性があってこその家ですよね。しかし、その耐震性や耐久性はあまり「目に見えない」ものです。

「ベタベタな人事」ははっきり申し上げておもしろくありません。「ベタな人事」は難しそうに見えます。

それらに対して、「おもしろ人事」についてはひょっとしたらマスコミが取材に来るかもしれません。ですから、どうしてもそちらに目がいってしまうのでしょう。

あるＩＴ系大手企業が導入する「新しい人事の取り組み」は、とても注目されます。ニュースにもなりますし、セミナーなどで紹介されたりします。「おもしろ人事」です。

しかし、あまり言ってくれないのですが、その会社にはしっかりした「ベタベタ」と「ベタ」な人事があります。おもしろくないので記事にはならないのかもしれません。でも土台はしっかりしているわけです。

そこを見ずして「おもしろ」だけを見て、「うちにも導入してみよう」は危険です。土台がないのですから、建物は崩れます。

ある経営者は前掲の図を見て、「確かに。うちの会社の人事はこのおもしろ人事みたいな企画を出して、それで仕事をやったつもりになっているけど、大事なことはそういうことじゃないんだよね」とおっしゃっていました。

とはいえ、おおむね経営者の皆さんの関心領域は「ベタな人事」より上です。

ある役員がおっしゃっていたのは「うちの社長の関心領域は、採用と抜擢と評価だけ」ということでした。

そういった中、人事担当者は「ベタな人事」や「ベタベタな人事」に関する一定の知見や知識、経験がなければ、楽しい施策も逆効果になり、多くの弊害を生んでしまうことになるのです。

ちなみに、「ベタベタな人事」の多くは社会保険労務士がくわしく、そちらにお願いしてもよい領域です。人事担当者は、この領域のすべてにくわしくなる必要はなく、社労士と話せる一定の知見があればよいでしょう（労働基準法の何条に何が書かれているか、などは覚えなくてもよいと思います。ただ、労働基準法がどのような「考え方」でつくられているのかは、概要とともに知っておくべきでしょう）。

「ベタな人事」のハードウエア（形）自体は、実はどこの企業でも大きな違いはありません。ここには一定の体系があります（それをお伝えしているのが私の「人事の学校　基礎講座」です。すでに5000人以上の方に受講いただいていますので、よろしければ検索してみてください）。

ここまででもわかるように、**人事制度の形は、運用できているものを見てみると、大企業でも中小企業でも、ほぼ同じです。**つまり、人事制度には「おさえておかなければならない型」があるのです。

「型」から大きく外れるとだいたいは失敗します。

楽器の習得でもゴルフでも、茶道や華道でも、一定の型がありますよね。ルールもあります。将棋も囲碁も盤と駒は共通ですね。それと同じことが言えます。まずは型を学び、その上で実力をつけて、「自分なりの手法」を編み出していくものです。「守破離」ともいいますね。

人事も同様で「守」をしっかりとしておかないと、その後の成長は限られます。

企業人事を実践していくためには、基礎構造を理解し、一定の型があることを認識してください。

03 「人事の軸」の大切さ

56ページの図に戻りますが、図は下に行くほど、多くの企業が共通でさらされている領域です。労働法規や雇用情勢などです。

一方、図の上に行けば行くほど、その企業の「オリジナリティ」の強い部分になります。経営理念が最上位にあります。理念はその企業が世の中にどのような価値を提供していきたいかなどを示しているものであり、他社とは違うもののはずです。図の上位に行けば行くほど、「うちらしさ」が示されます。

また経営理念実現のための「経営戦略・事業戦略」もオリジナリティです。その事業戦略を実行するために「人事戦略」があります。

「人事」は「自社オリジナリティ」と「全国共通」の間にあるもの、といえます。

「ベタな人事」には「型」があると書きましたが、その「型」にも、当然「その企業らしさ」が反映されなければなりません。そのハードウエアの中のソフトウエアは「自社の考え方」によって決まってきます。

ベタな人事の代表「人員計画」

「ベタな人事」に**「人員計画」**があります。人員計画は事業戦略、そして年度経営計画の実現のために欠かせないものです。「どのような人材を何人確保し、どこに配置するか」を計画するのが人員計画です。それに基づいて採用や代謝の計画が立てられ、その計画実現のために、いろいろな施策が実施されます。

ここまででおわかりのように、**人員計画はまさに「自社オリジナリティ」なのです。**

さて「どのような人材を何人確保し、どこに配置するか」には、その企業の「考え方」がしっかりと反映されなければなりません。「どんな人材を求めるのか」「配置転換を行なうのか」などは、中長期的な施策です。

たとえば、新卒採用は入社2年前から準備が始まります。「そもそも新卒採用をするのか」「するならば、どのような人材を新卒で何人採用するのか」を2年以上前から考えていかなければなりません。

この2年の間に、「求める人材像」が変わってしまうのは、あまりよいことではありません（もちろんやむを得ないときもあるでしょうが）。

対象になる学生へのメッセージ、インターンシップの内容、選考基準などが2年の間に変化してしまうと、望んだ通りの採用は難しくなるでしょう。

そのためには、「そう変わることがない、その企業の軸となる考え方」が求められます。「軸」がしっかりしているからこそ、いろいろな人事施策が展開できるのです。

他社がどう考えていようと、何をしようと、**「自社はこう考える」といった「軸」の存在が、一貫したメッセージを発信し、一貫した採用選考に結びつきます。**

「どうやるか」の前に、「どう考えるのか」といった自社の軸をしっかりとしておかなければならないのです。

この軸がブレてしまうと失敗します。また社員からの信頼も失ってしまいます。

信頼できる人とは、企業とは

ネットを見ていたら、「信頼できる人の特徴」という記事を見つけました。共感したので引用しますが、それによると、「信頼できる人」は次の3つの特徴を持っているそうです。

●信頼できる人の3つの特徴

1）他人の目を気にせず本心を発信している

「これは常識的にはこうだ」ではなく、「自分はこう思う」と自分自身をさらけ出せる人は、本心を隠したりしないので信頼することができる

2）あらゆる結果は自分の責任だと思っている

自分が想定しない事態が起きたときや、自分が想定していないことが発生したときに、他人やモノのせいにせず、すべての結果は自分の責任だと思える

3）人生の軸が明確にあり、一貫性がある

自分はこういう人生を生きたい&こういう人間でありたいと意思を持っている人は、それを軸に1つひとつの行動に意図を持ってブレずに動く

（https://www.mazimazi-party.com/entry/shinrai/）

信頼できる人の要素は他にもあると思いますが、この3点はとても重要ではないでしょ

うか。私自身も「こうありたい」と願うばかりです。

特に1）と3）は企業にもいえることです。

企業が「他の目を気にせず、自社の考えを発信しており」「企業の軸が明確にあり、一貫性がある」ということであれば、その企業は信頼できるのではないでしょうか。

「企業の軸が明確にあり、一貫性がある」

自社はこういう企業になりたい、こういう企業でありたいと意思を持っている企業が、それを軸に1つひとつの施策に意図を持ってブレずに動いていることが見えれば、社員も、またこれから入る応募者も、その企業を信頼するでしょう。

そしてその軸がしっかり見えていれば、人が、その企業に「合う」か「合わない」かがわかるのではないでしょうか。

「人事の失敗」は、この「軸」がしっかりしていないから起きるといえます。

もちろん軸がしっかりしたとしても、施策の失敗はあるでしょう。ただし、その影響は軽微なはずです。

一番信頼を失うのは「言っていることとやっていることが違う」ということです。つまり、このことからもわかるように、「やり方」の前にまずは「考え方」なのです。

自社の「人事の軸」となる考え方をしっかりと整理しましょう。それにより、採用を含む人事施策が、自社の考え方を反映した、一貫性があり、信頼性が高いものになっていくのです。

一番大事な「人事の軸」をどうつくるのか

Chapter 3

01

人事の軸＝人事ポリシーをつくるには

①人事の軸＝人事ポリシーとは

ここまでで、人事は「やり方」よりも「考え方」がまずは大事だということをご理解いただけたかと思います。

本章では、自社の人事の考え方としての「人事の軸」のつくり方を考えていきます。私たちは、この人事の軸のことを**「人事ポリシー」**と呼んでいます。これは「企業の、そこで働く人に対する考え方」です。

この「人事の軸＝人事ポリシー」は、自社オリジナリティのものです。他社とは違う、各企業の個性ともいえます。

まずここで注意していただきたいのは、「そこで働く人」とは誰を指すのか、ということです。

企業にはさまざまな契約形態で働く人たちがいます。

一般的には正社員（無期雇用でフルタイム働く人）、契約社員（有期契約でフルタイム働く人）、アルバイト・パート（有期契約でパートタイム働く人）、また無期パート（無期雇用でパートタイム働く人）などがいます。以上は、「雇用契約（労働契約）」を企業と結んで働く人たちです。

さらに、一般的に「業務委託」といわれ、雇用契約外で働く人たちもいます。「請負契約」や「委任、準委任契約」と言われる働き方です。顧問契約もこれらに入ります。

「人事の軸＝人事ポリシー」とは

ビジョンやミッションを実現するための
人事施策を企画・運用していく上での大方針となるもの

「企業の、そこで働く人に対する考え方」

※社員：一般的には正社員を意味する
従業員：すべての雇用形態で働く人を意味する
そこで働く人：雇用契約外の契約も含む

これらの言葉の定義については各社にて明確にしてください

②雇用契約の種類

雇用契約の種類は、雇用期間の定めの有無や勤務時間などによって下図の４種類に分けられます。

●フルタイム（基本的には週40時間）働くか、パートタイムか、

●期間の定めのない雇用契約（無期雇用）か、１年間、半年間などの有期雇用契約か

また、企業で働く人には、雇用契約外の人もいます。

請負契約、委任・準委任契約、そして、派遣会社と雇用契約を結び、派遣先で働く派遣社員です。

雇用契約の分類

		雇用契約期間	
		無期	有期
勤務時間	フルタイム	正社員	契約社員
	パートタイム	無期パート	パートタイマー アルバイト

呼称は一般例：各社で定義する

雇用契約の種類はフルタイム（基本的には週40時間）働くか、パートタイムか、期間の定めのない雇用契約（無期雇用）か、1年間、半年間などの有期雇用契約かによって、4種類に分けられます。

それぞれ、労働法規の適用の有無や、「労働者性」といわれる判断基準があります。次ページの表にあるように、請負・委任・準委任契約は、雇用契約にある「勤務時間・勤務場所を会社が指定する」「会社からの仕事の依頼・業務命令に対して諾否の自由がない（指示命令に従わなければならない）」「報酬は労働自体に対して支払われなければならない」といったものは適用されません。

とはいえ、一緒に働く仲間でもありますから、「働く人に対する考え方」をしっかり持っておくことは大切でしょう。

人事ポリシーは、これらの契約形態・雇用形態それぞれに、「共通するもの」と「形態別に整理しておくもの」をしっかり認識しておく必要があります。

「正社員についてはこう考える」
「アルバイト・パートについてはこう考える」
「雇用契約外の人たちについてはこう考える」

これらを整理しておくべきです。

ここで大事なのは、これらの「雇用形態」や「契約形態」は、働く人の働く「スタイル」の違いであって、「レベル」ではない、ということです。正社員が頂点にいるわけではない

役務提供に関する契約分類

<table>
<tr><th rowspan="2"></th><th colspan="4">労務提供に関する契約</th></tr>
<tr><th>労働契約（雇用契約）</th><th>請負契約</th><th>委任・準委任契約</th><th>派遣契約</th></tr>
<tr><th>契約の目的</th><td>労務の提供</td><td>契約した内容の完成に責任を負う</td><td>契約した特定の行為について責任を負う。法律行為の委託が委任、法律行為外が準委任</td><td>労務の提供</td></tr>
<tr><th>労務提供の方法</th><td>会社の指揮監督関係のもと、一定の規律に従い、「労働者」として労務を提供する</td><td>会社の指揮監督関係に入らず「事業主」として独立して仕事を完成させる</td><td>会社の指揮監督関係に入らず「事業主」として独立して業務を遂行する</td><td>会社の指揮監督関係のもと、一定の規律に従い、「労働者」として労務を提供する</td></tr>
<tr><th rowspan="2">労働関係法規</th><td>適用</td><td rowspan="2">適用されない</td><td rowspan="2">適用されない</td><td>派遣元会社において適用</td></tr>
<tr><td>労働基準法、最低賃金法、労災保険法、雇用保険法、健康保険、厚生年金へ加入（原則）等</td><td>労働基準法、最低賃金法、労災保険法、雇用保険法、健康保険、厚生年金へ加入（原則）等</td></tr>
<tr><th rowspan="4">判断基準</th><td>仕事の依頼、業務従事に関する諾否の自由がない</td><td rowspan="4">左記でないこと。結果に責任を負うこと</td><td rowspan="4">左記でないこと。過程に責任を負うこと</td><td rowspan="4">雇用契約は、派遣元会社と労働者の間で行なわれる。派遣元と派遣先は「労働者派遣契約」を結ぶ</td></tr>
<tr><td>勤務時間・勤務場所を指定されている</td></tr>
<tr><td>業務用器具の負担がない</td></tr>
<tr><td>報酬が労働自体の対償である</td></tr>
</table>

企業で働く人には、雇用契約外の人もいます。請負契約、委任・準委任契約、そして、派遣会社と雇用契約を結び、派遣先で働く派遣社員です。それぞれ、労働法規の適用の有無や、「労働者性」といわれる判断基準があります。請負、委任・準委任契約は、雇用契約にあるような、「勤務時間・勤務場所を会社が指定する」「会社からの仕事の依頼・業務命令に対して諾否の自由がない（指示命令に従わなければならない）」「報酬は労働自体に対して支払われなければならない」といったものは適用されません。とはいえ、一緒に働く仲間でもありますから、「働く人に対する考え方」をしっかり持っておくことは大切です。

と考えます。これも「人事ポリシー」として整理したい考え方です。

③人事の全体像と各施策の関連性を把握する

人事ポリシーをつくる際に把握しておきたいのが「人事の全体像」です。「人事」といっていますが、企業の人事とは、どのような領域なのでしょうか。次ページの図は、人事の領域を表しています。

「人事の領域」は、次の5つによって構成されています。それぞれ見ていきましょう。

- **経営理念領域**
- **人事制度領域**
- **人事管理領域**
- **人材フロー領域**
- **人材育成領域**

人事の領域

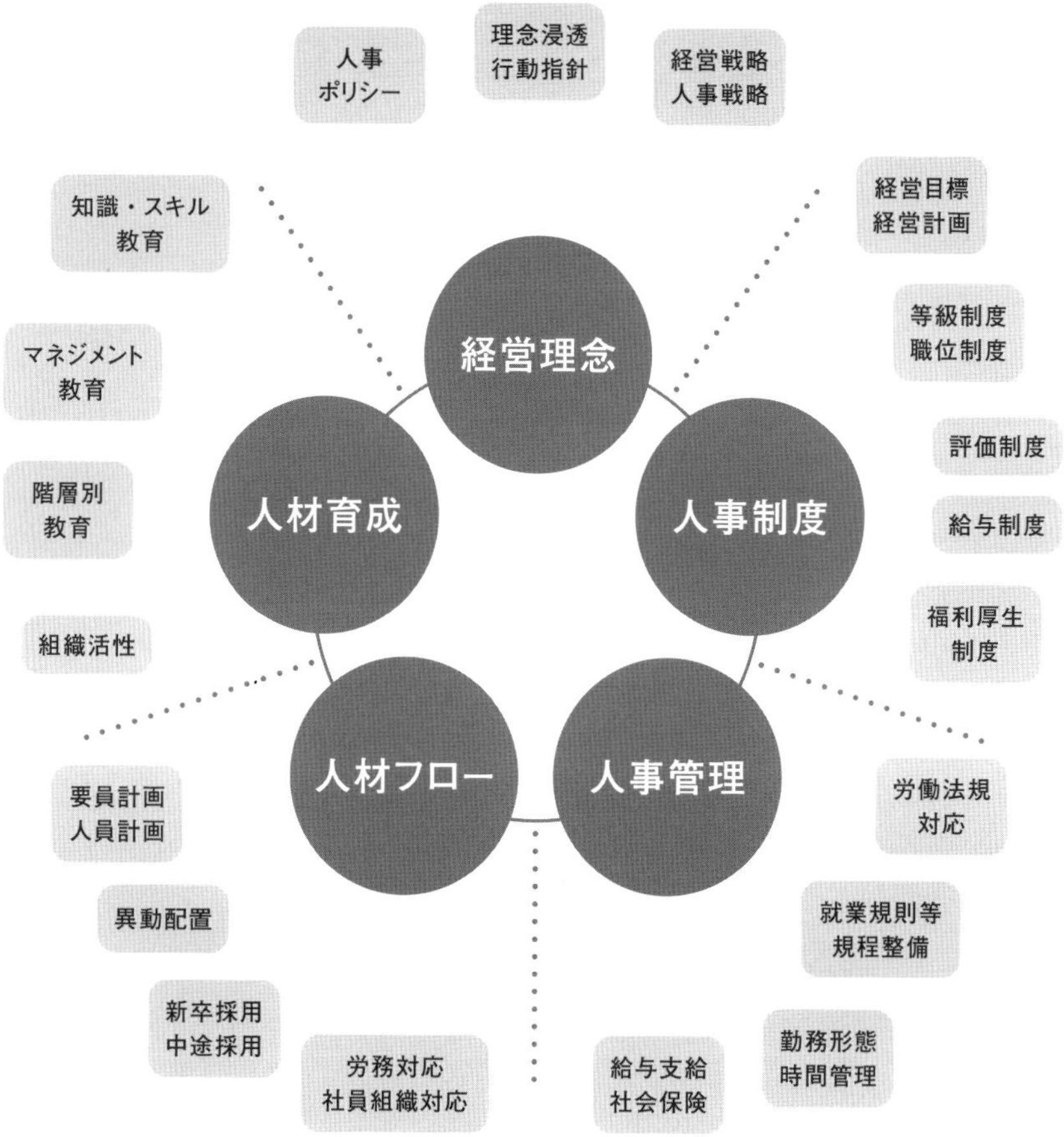
経営理念
人事制度
人事管理
人材フロー
人材育成
人事
ポリシー
理念浸透
行動指針
経営戦略
人事戦略
経営目標
経営計画
等級制度
職位制度
評価制度
給与制度
福利厚生
制度
労働法規
対応
就業規則等
規程整備
勤務形態
時間管理
給与支給
社会保険
労務対応
社員組織対応
新卒採用
中途採用
異動配置
要員計画
人員計画
組織活性
階層別
教育
マネジメント
教育
知識・スキル
教育

経営理念領域

経営理念領域は、人事が最もよりどころとすべき根幹の価値観であり、方向性であり判断基準です。経営理念の浸透とそこから導かれる経営戦略・事業戦略・人事戦略があり、それに基づき各種人事施策が企画・運用されます。

人事ポリシーは、理念領域のうち、特に「人に対する考え方」であり、これが人事施策の「軸」をつくるといえます。

そもそも「人事の目的」とはなんでしょうか。

「人事の目的」は、企業と個人のベクトルをできる限り同一にしていくことです。

企業のベクトルは経営理念であり、そこから導かれる戦略や経営計画です。

そこで働く個人のベクトルは、キャリアビジョンやキャリアプラン、ライフビジョンやライフプランです。

企業のベクトル（理念や戦略）を実現させるために人は働くのですが、個々人にもビジョンやプランがあります。その目的や方向性を合わせることが「人事の目的」です。

企業と個人のベクトル

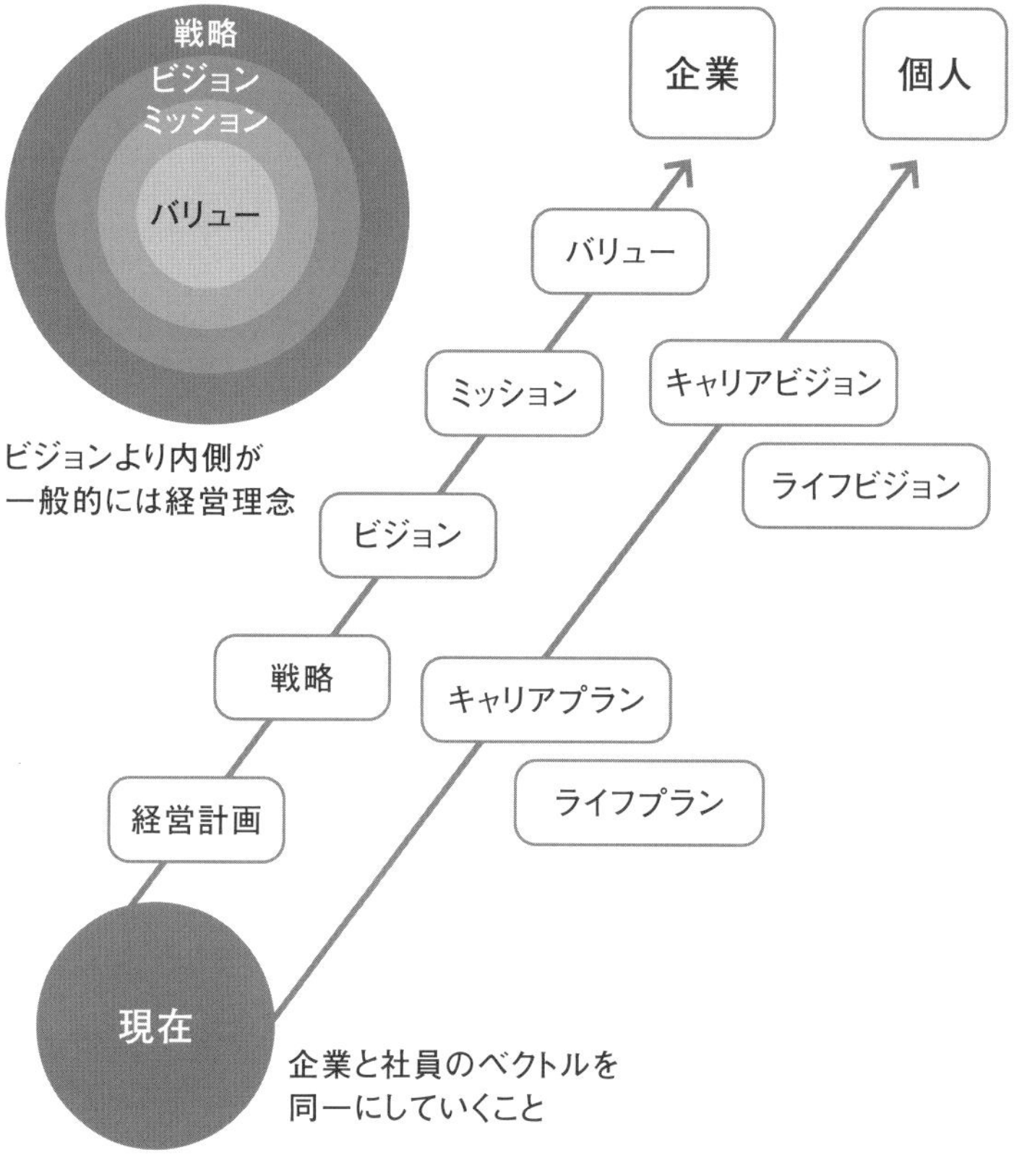

●キャリアビジョン：仕事上での将来のゴールや目標
●キャリアプラン：キャリアビジョンを実現するための計画
●ライフビジョン：仕事・プライベートを総括した人生における将来のありたい姿
●ライフプラン：ライフビジョンを実現するための計画

同じベクトルを向いてくれる人を採用し、育成し、またベクトルがそれてしまった人については「おーい、こっちだよ」と伝えて同じベクトルに向いてくれるよう努力するか、あるいはお別れするか、契約形態を変えるかなどをしていくのが「人事の仕事」といえます。人事ポリシーは、企業とそこで働く人が同じベクトルに向くために示される軸ともいえるのです。

人事制度領域

人事制度領域は、人事ポリシーや人事戦略実現のための「基幹的な人事の仕組み」となる部分です。

ここでの人事制度は「行動指針」「等級／職位制度」「評価制度」「給与制度」「教育制度」といった基幹的な制度群のことです。ここがぜい弱だと、他の施策が機能しなかったり逆効果を生んだりします。

人事制度は、人事ポリシーに基づき、「何をもって社員を評価しどう処遇するか」を明確にすることが肝要です。

79ページの図は人事制度領域を表します。

上に行くほど、「自社オリジナリティ」の部分で、下に行くほど、多くの企業に求められる「共通的・汎用的」な部分ですが、企業人事においては、これらが一貫した考え方で企画・運用されることが大切なのです。

人事管理領域

人事管理領域は、特に雇用契約においての、「労働法規への対応を根幹とする施策群」とその運用です。

次ページの図の下位にある労働法規は日本全国ほぼ同一です。法規を遵守することは大切ですが、昨今は知的労働が増え、IT化が進み、リモートワークなど働き方が多様になってきており、また副業の増加なども踏まえて、その環境下でどれだけ自社らしさを出していくのか、ということが人事の妙ともいえます。

ここで大事なのが、就業規則などの**人事規程類**です。

規程は「企業と社員の間の決めごと」です。人事においては、「そこに規定されているか否か」がすべてを決めるといっても過言ではありません。

人事制度領域

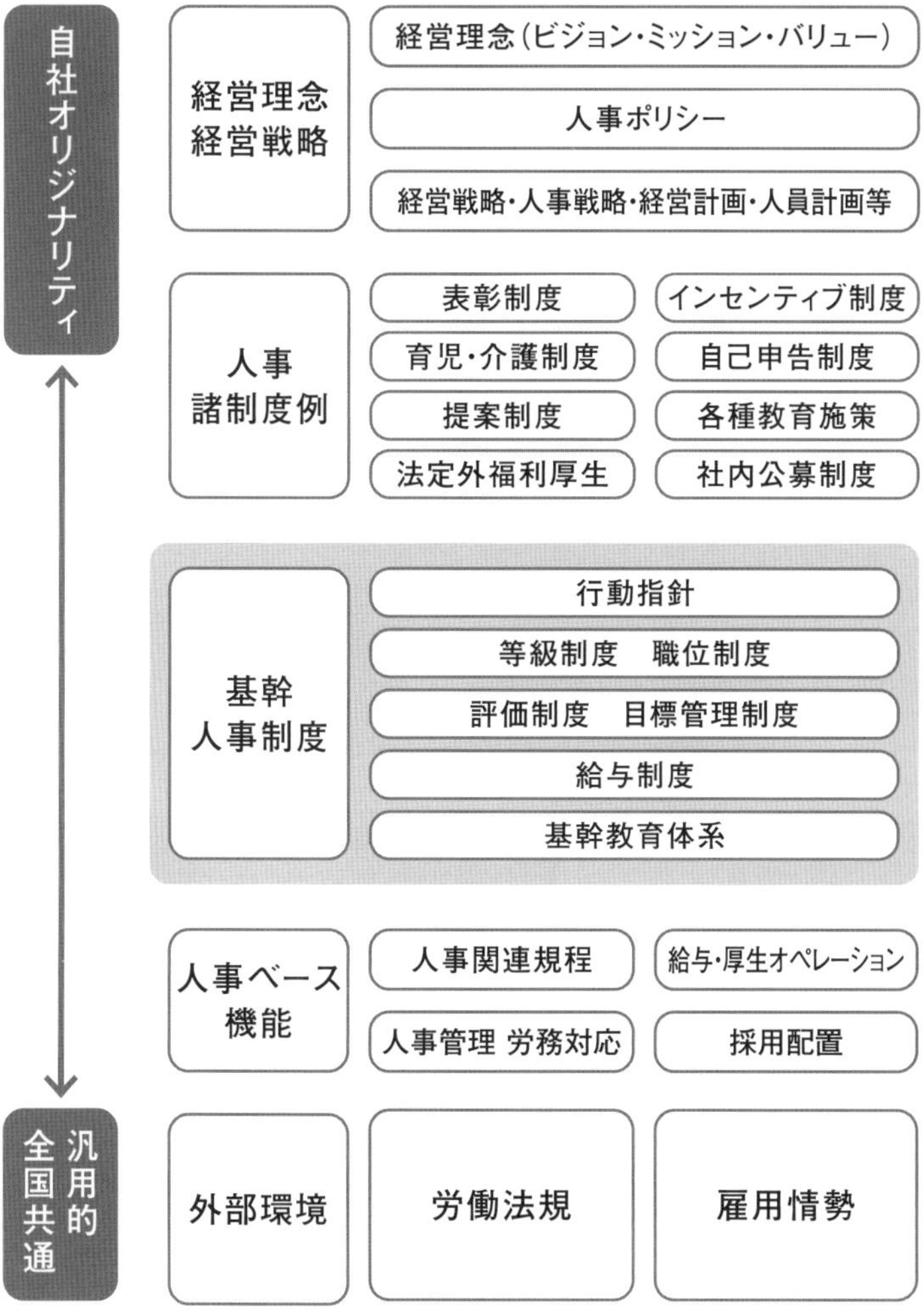
自社オリジナリティ
経営理念
経営戦略
経営理念（ビジョン・ミッション・バリュー）
人事ポリシー
経営戦略・人事戦略・経営計画・人員計画等
人事
諸制度例
表彰制度
インセンティブ制度
育児・介護制度
自己申告制度
提案制度
各種教育施策
法定外福利厚生
社内公募制度
基幹
人事制度
行動指針
等級制度　職位制度
評価制度　目標管理制度
給与制度
基幹教育体系
人事ベース
機能
人事関連規程
給与・厚生オペレーション
人事管理 労務対応
採用配置
汎用的
全国共通
外部環境
労働法規
雇用情勢

規程が整備されていないことは、「社内に法律がない」ということになります。人事部門は規程を整備しなければなりません。

なければつくらなければなりませんし（立法）、それをもとに判断し（司法）、業務を遂行しなければなりません（行政）。

労働法規は、「社会と企業の決まりごと」、人事規程類は「企業とそこで働く人との決まりごと」です。これらの決まりごとを定めていくときにも、「自社はどう考えるのか」という「人事ポリシー」が求められます。

「法律でこうなってますから！　以上！」では企業人事は務まりません。

人事管理領域

労働法規への対応を根幹とする施策群

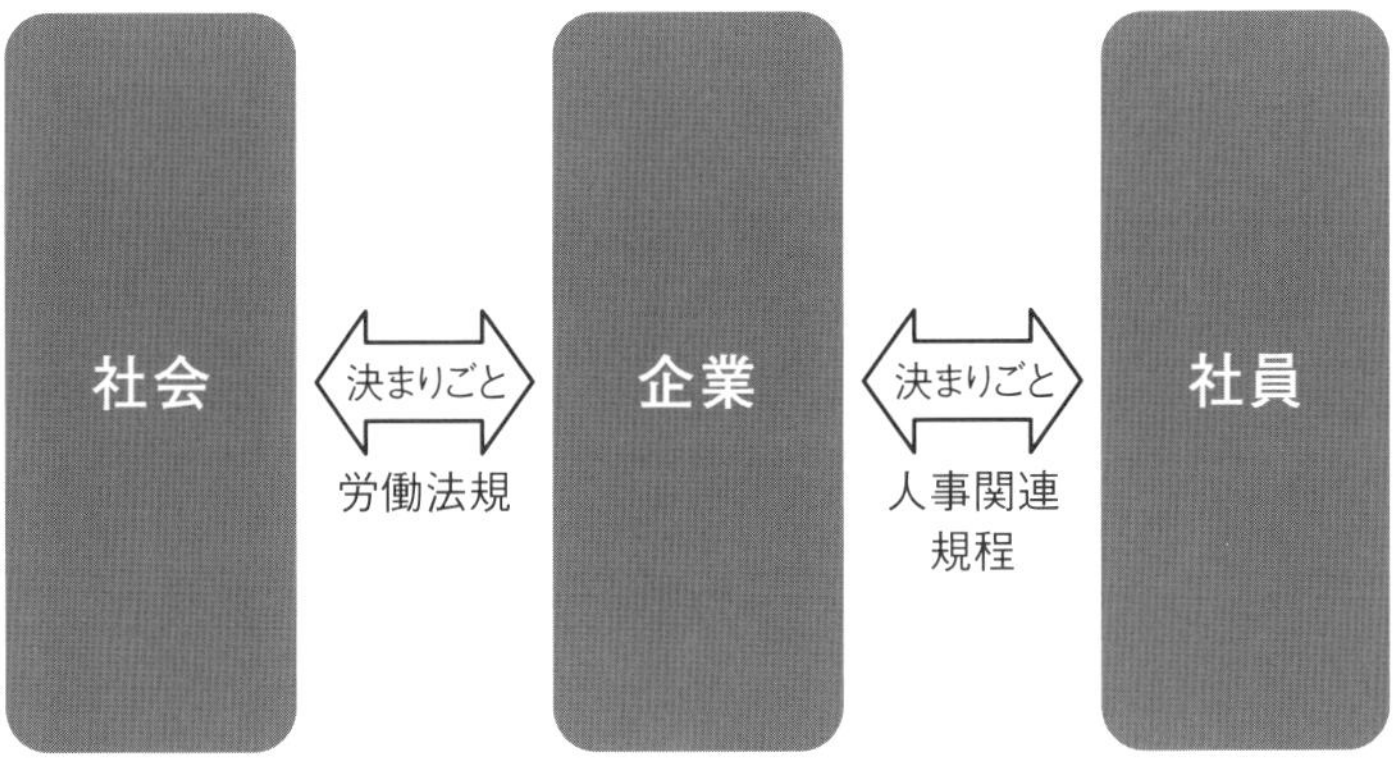

法令は守らなければなりませんが、企業ごとにその対応は異なることがありますので、自社がそれに対してどう考えて対応していくのか、しっかり考え抜かれていなければなりません。

人事の領域の中では、人事管理領域は「地味」で、おもしろみがあまりないように見えます。経営者もあまり興味のない領域です。

しかし、基盤であり、大切なことは間違いないので、特に人事担当者の皆さんは「避けずに向き合って」ほしいと思います。

人材フロー領域

人材フロー領域とは、人を採用し、配属し、また異動してもらい、責任あるポストに任命したりはずれていただいたり、また労務問題に対応したり、そして退職に至る、「社内における人の流れ」を司る領域です。

「どのような人を採用するのか」という採用戦略や、「多くの部署を異動し経験してもらうのか」「専門領域内に異動は留めて、専門性を高めていってもらうのか」といった配置方針などは、経営理念や人事ポリシーから導かれるものです。

また、「どのような人を何人採用するのか」などは、経営戦略・事業戦略から導かれ、人事は人員計画（次ページ図参照：定員計画、要員計画、人員計画、採用・代謝計画があります）を策定し、その上で採用活動を行なうのか、社内の異動で対応するのかなどを決めていきます。

また、場合によっては退職勧奨などを含む代謝戦略も必要かもしれません。

これらも一貫した考え方の元で行なわれなければならないのです。

人材育成領域

人材育成領域は、企業の教育体系の企画と実施に関する領域です。

新入社員研修からはじまり、管理職研修、昇格者研修などの教育体系や、自己啓発支援などがあります。

人事が行なう教育施策は、一過性のものであってはなりません。継続的に価値を生み続ける教育施策が求められます。

定員・要員・人員・代謝計画

- ●定員計画 ……………… 目標の達成・業務遂行に本来必要な機能・組織・予算・人件費・人員数
- ●要員計画 ……………… 定員計画に基づく構成員の設定（雇用・契約形態別人員数・その他労働力）
- ●人員計画 ……………… 要員計画に対する人員（誰をどこに）の配置、期間内の変動予測計画
- ●採用・代謝計画 …… 要員計画と人員計画の差異を埋める施策

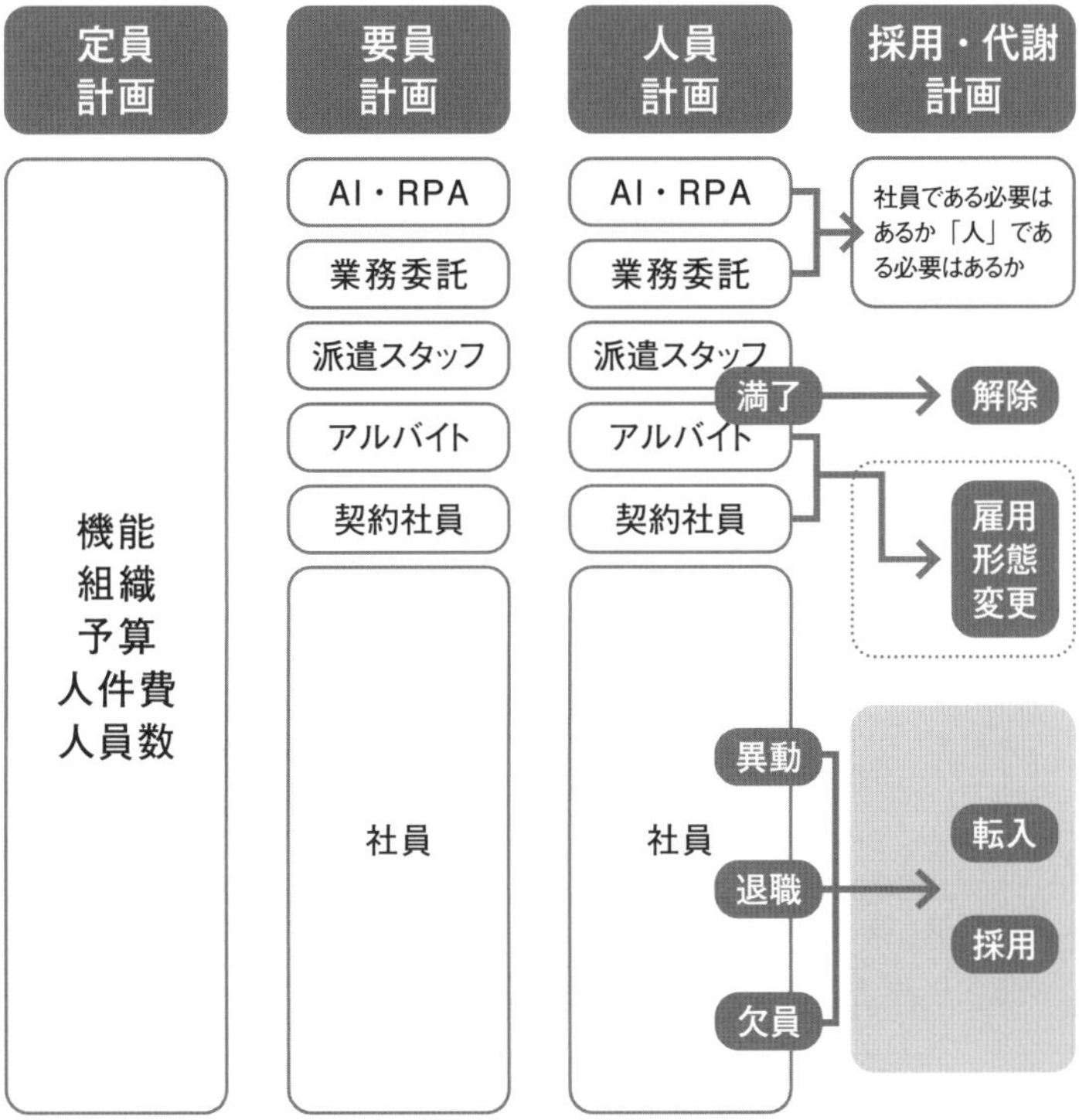

そしてその目的は、「理念の実現」でなければなりません。

人事制度における「評価」と「教育」は表裏一体です。人事制度は「企業が社員に求めるもの」を明示し、評価は、メンバーそれぞれが求めるものに対してどのような状態にあるのかを確認するものです。

求めるものとメンバーの発揮度合いの差異を埋めるのが教育施策になります。

人材育成領域は、理念浸透や基幹的人事制度と一体となって整備すべき領域です。

以上が人事の領域になります。

これらは相互に関連しています。採用の後に配置があり、評価があり、教育があります。評価と教育は相互に関連し、給与制度は各種規程と密接です。

人事施策は1つひとつを単独として考えるのではなく、全体像を想定して企図されるべきものです。

それらが、「人事ポリシー」という人事の軸においての一貫した考え方で展開されなければならないのです。

教育と評価のサイクル

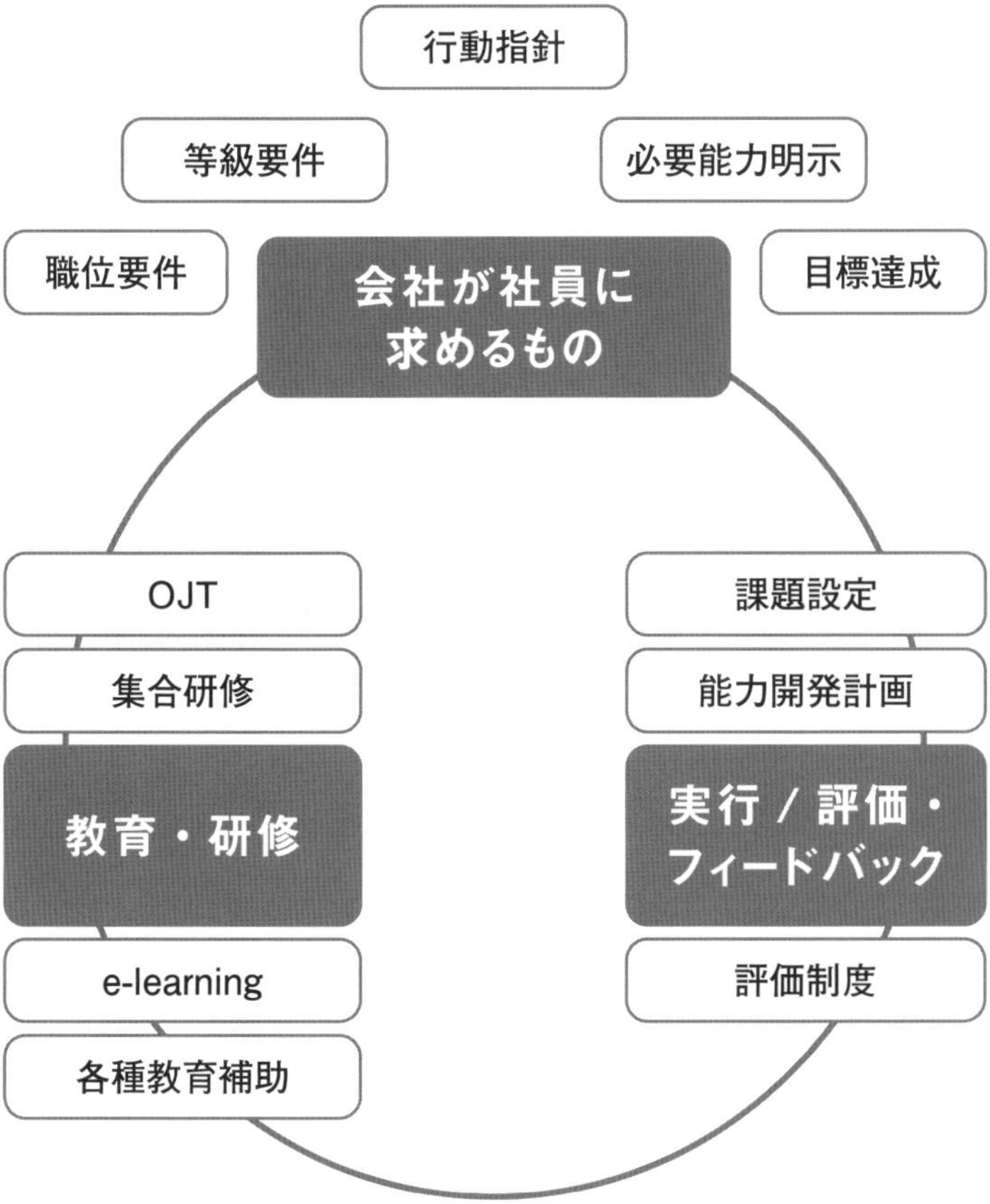
行動指針
等級要件
必要能力明示
職位要件
会社が社員に求めるもの
目標達成
OJT
集合研修
教育・研修
e-learning
各種教育補助
課題設定
能力開発計画
実行/評価・フィードバック
評価制度

02 基幹となる人事制度の構造を理解する

前項でも人事制度について述べましたが、人事制度の構造について改めて確認しましょう。基幹的な人事制度はおおむね次ページの図のような構造です。

人事制度は、次のことを整理するものといえます。

- 企業が社員に求めるものを明らかにする（要件設定）
- 「求めるもの」と「社員個々人の発揮度合い・達成度合い」の乖離（ギャップ）を判定する（評価）
- 評価を処遇（等級や職位など）に反映すると共に、給与・賞与を決定する（報酬・給与）
- 乖離（ギャップ）を埋めるための教育施策を展開する（教育・育成）

人事制度の構造

会社が社員に求めるもの	経営理念(ビジョン・ミッション・バリュー)				
	当社の社員らしい行動	階層別に求められる行動	職位者に求められる行動	職種別に求められる知識・スキル	目標達成
人事施策	理念浸透活動	等級制度	職位制度(職務権限規程)	組織・配置・キャリアパス	中期経営目標・年度計画 組織目標・個人目標設定
社員に明示させる指針・要件	行動指針	等級別行動能力要件	職位(管理職)要件	職種別スキル要件	目標管理制度(Plan Do Check Action)
評価とフィードバック	行動指針評価	等級別行動能力評価	職位要件評価	職種別スキル評価	成果評価(業績評価)
報酬	昇格・降格 任命・昇進・降職	昇格・降格 昇給・降給	任命・昇進・降職	(昇格・降格) (昇給・降給)	賞与 表彰
教育施策	理念浸透(ビジョン共有) 行動指針の実践	等級別行動能力要件教育	管理職教育	職種別教育 自己啓発	目標管理(MBO)教育
育成手法例	理念研修 行動指針研修	階層別研修 適性検査とフィードバック 課題設定	管理職研修 360°サーベイ	営業研修 ビジネススキル基礎研修 e-learning 公開講座への派遣	目標管理研修 目標設定会議 成果評価会議

では、企業が社員に求めるものとはどのようなものでしょうか。
それは、次のようなものになります。

●経営理念の浸透

自社が目指すものや価値観について同じベクトルを向いてほしいということを示すものです。

●階層別に求める行動・能力

経営層・本部長層・部長層・課長層・主任（リーダー）層・メンバー層などの各階層に何を求めるかを明示します。これが、社員にとっての「キャリアプラン」になります。

●職位者に求める行動

組織の長に求めるものを明示します。部長と課長に求められるものは異なります。そして職位者は、業績達成の責任者であり、部下の人材育成の責任者でもあります。何を求めるのかを明示することはとても大切なことです。

●職種別に求められる知識・スキル

「営業」「技術」「管理」など、職種別に求める知識やスキルがあります。これらは「スキルマップ」などとして明示されます。その職種を遂行していくための能力となります。

●目標達成

企業にとってとても大切な、経営計画・経営目標の達成です。経営計画から各部門の目標設定があり、それが各個人の目標として展開されます。目標が明確でなければ、目標達成につながりません。

これらをまとめたものが87ページの表になります。

長く運用されている企業の人事制度はほぼこの構造をしているといってもいいと考えます。

いわば、人事制度の「ハードウエア」です。

ただし、そのソフトウエアとして、**「社員に何を求めるのか」については、企業ごとの考え方に基づいて企図されなければなりません。**

給与を決める際に、成果を評価するのか、行動を評価するのか、能力なのか、または年齢や勤続などを考慮するのか、といったことは「人事ポリシー」に基づきます。

そこをしっかり確認せずに制度を導入してしまうと、結局「なんのための評価なんだ？」ということになり失敗します。

人事ポリシーをはっきり確認せずに制度を導入してしまうと、たとえば、成果と行動で評価するつもりが、評価者が「彼のお子さん、今度高校生なんだよね、だから評価を下げられないね」と評価会議で言ってしまったりします。評価決定の軸が揺らいでしまうのです。

そこを経営者や人事が、「いや、成果と行動のみで評価することにしていますので、お子さんのことは考慮しません！」とはっきり断言できなければなりません。

あるいは「家族の状況を考慮する」というポリシーならば、「それもそうだね」となってても、それは企業の考え方、ということになります。

これは評価会議で本当によく見る光景です。

「しのびない」と言って低い評価をつけられない評価者もいます。**その時点で、人事制度は機能しなくなります。**

人事制度や人事施策を機能させるためにも、人事ポリシーは大切なのです。

03 人事ポリシーと経営者の考え方

では、企業人事の「軸」としての人事ポリシーはどのように明確にしていけばいいのでしょうか。

まず、**人事ポリシー明確化においては、それを決めるのは経営者**です。

経営者が創業者であれば、そこには強い想いや価値観があるはずです。また創業者ではなくても、やはり経営するにあたって、自身の信念があるはずです。あなたが人事担当者なら、経営者、特に社長とのコミュニケーションによって、その想い・価値観を抽出していきます。

私たちは、クライアントの人事制度構築のプロジェクトに入る際などには必ず、経営者と人事ポリシーの確認をさせていただきます。これにより経営者からも「頭の中を整理できた」「自身がどういう考えでいるのか改めて確認できた」といったコメントをいただくこともあります。

一貫性と継続性

「人事」で大切なこと
一貫性と継続性

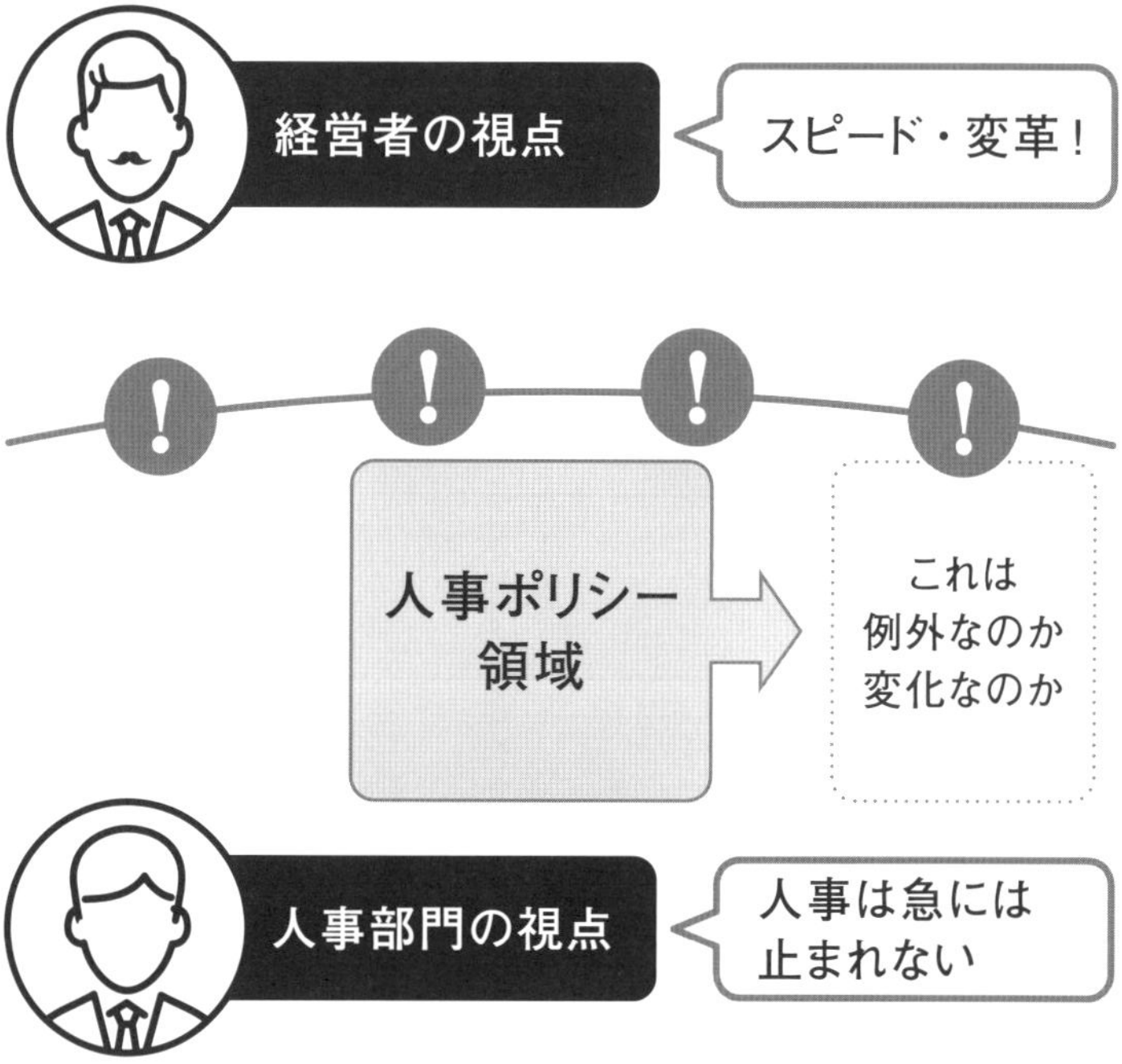

さらに、人事ポリシーを経営者と確認しておけば、経営にブレが生じたときに、それを諫めたり、あるいは再度確認してポリシーの変更を相談したりするなど、人事担当者にとっては強力な牽制・確認材料となります。

経営者はつねにさまざまなことを考えています。これまでにない、まったく新しい発想をすることも多くあります。人事担当者はそれを受け止めなければなりませんが、その発想が人事ポリシーとずれているときはどうするのでしょうか。

それは例外か、変更かを見極める

人事の仕事は、たとえば新卒採用や人事制度改定など、数年間以上を見据えたものが多くあります。短期的にコロコロ方針が変わってしまうのは困ります。一方で経営者はスピードと変革を求めます。ここに経営者と人事担当者のギャップが生まれます。「できません」では人事担当者は務まりません。

新たな経営者の発想が、「今後も継続的にそれを行なうもの」なのか、「試しにやってみろ」「今回だけやれ」なのかを確認しなければなりません。

つまり**人事担当者は、それが「人事ポリシー」の変更を伴わない「例外」なのか、「人事ポリシー」を変える「変更」なのかをつねに見極める必要があります。**

そのためにも、やはり「軸＝ポリシー」が必要です。**変えるべきものと変えてはならないものを見極めておかなければならない**のです。

人事には「一貫性」と「継続性（変えるなら変えることを明確に意識して行なうこと）」が大切なのです。

それが社員からの企業への信頼を生みます。

人事ポリシーフレームで人事の軸を整理する

Chapter 4

01

自社が求めるもの＝「軸」＝人事ポリシーを整理するためのフレーム

では、企業人事の「軸」としての人事ポリシーはどのように明確にしていけばいいのでしょうか。定性的にいろいろ経営者と会話してもよいのですが、それだけでは網羅性に不安があります。

人に対する考え方とは、主に次のような要素を指します。

- ●社員が働く目的、就業観（X理論、Y理論）
- ●何を大事にして評価するか（成果・能力・行動・職務・年齢・勤続・年功）
- ●何に対して給与・賞与を払うか（投資／精算）
- ●代謝概念（長く働くことを求める／代謝を求める）
- ●求める人材像（リーダーシップ／マネジメント）
- ●人材育成の方向性（コア／スペシャリスト／マネージャー／オペレーター）
- ●人材への考え方（資本と考える／資源と考える）・採用の方向性（新卒／中途）

●求める社員の志向性

私たちは、これらを次のページで紹介する「人事ポリシーフレーム」として用いながら経営者と会話していきます。

このフレームは、「これだけ」「これがすべて」というものではなく、各社で追加もしていただきたいものですが、おおむねこれらを経営者と確認することにより、その企業の「そこで働く人に対する考え方」を確認・理解することができると考えています。

このフレームは選択を伴いますが、必ずしもどれかに決めるというものではありません。ただ、それぞれのフレームで議論することはとても意義のあることであり、企業として人事ポリシーを明確に意識するきっかけともなります。

また、あなたが人事担当者なら、人事をしていくうえでの基礎的知識にもなるものです。

さらに、あなたの企業にさまざまな雇用形態（正社員、契約社員、アルバイト、派遣スタッフなど）や、契約形態（請負・委任・準委任など）があるようであれば、それぞれの形態ごとにフレームを用いてどのように考えるかを明確にしていく必要があります。

なお、本書では紙面の関係で、以下は主に「正社員」を想定して記述していきます。

人事ポリシーフレーム

カテゴリ	項目	人事ポリシーフレーム	優先すべき考え方	
a	働く目的	生活／理念／仲間／自身の成長		
b	モチベーションリソース	仕事型／組織型／職場型／生活型		
c	就業観	X 理論／Y 理論		
d	何を大事にして評価するか	成果主義／行動主義／能力主義		
		職務主義（ジョブ型）		
		年齢／勤続主義		
		年功／生活保障主義		
		時価払い／後払い		
e	何に対して給与・賞与を払うか	投資／精算		
		積上・積下／洗い替え		
		基本給の根拠は何か		
		昇降給概念		
		賞与の根拠は何か		
		手当は何のために支払っているのか		
f	2:6:2	2:6:2の重視する層（底上げ／格差）		
		基本給を下げる／下げない		
g	代謝概念	長期雇用／新陳代謝		
h	年収水準	目指すべき年収水準		

カテゴリ	項目	人事ポリシーフレーム	優先すべき考え方	
i	企業の 成長ステージ	新規領域（創業期）／ 急成長期／ 安定成長期／変革期		
j	リーダーシップ／ マネジメント	リーダーシップ／ マネジメント		
k	人材ポート フォリオ	コア／スペシャリスト／ マネージャー／ オペレーター		
		ワークライフバランス／ ワークライフブレンド		
		雇用形態それぞれの定義		
		業務委託／ AI・RPA の活用		
l	ゼネラリスト／ エキスパート	ゼネラリスト／ エキスパート		
		メンバーシップ型／ ジョブ型		
m	資本・資源	人的資本／人的資源		
n	副業	副業を認めるか		
o	採用の方向性	新卒／中途		
p	協調性／ 主体性	チームプレイ／ 個人プレイ		
q	組織形態と 働き方	△／▽		
r	心と能力	心／能力		
s	その他求める 人材像	その他求める人材像		

02

人事ポリシーをフレームによって明確化する①

人事制度に関わるフレーム

では、実際にフレームを用いて、あなたの企業の人事ポリシーを明確にしていきましょう。

a 働く目的 ――社員が働く目的は何か

まず、「社員が働く目的」はなんでしょうか。次ページの図のどれであってほしいですか？

このフレームは、どれかを選択するというのではなく、何が望ましいかというものを議論していただきたいものです。

ただしこちらに関しては「こうであるほうがよい」とも言えるものかもしれません。

「あなたが働く目的はなんですか？」管理職研修などでこんな質問をすると、ほとんどの人が「生活のため」と答えます。それは確かにそうなのでしょうが、それだけでしょうか。

また、「なぜ売上を伸ばさなければならないのでしょうか」という質問を部下から受けたときにどう答えますか？　という問いに対して、管理職の方からの答えの多くが、「会社を存続させるため」「我々がごはんを食べていくため」「会社だから当然」……。

新入社員やアルバイトの人ならまだしも、働く目的についてそういうふうにしか答えられない管理職ばかりでは、部下も仕事をする目的が見出せないのではな

働く目的

なぜ働くのですか？　あなたが働く目的は何ですか？

生活のため	価値を提供するため（理念）
一緒に働く仲間のため	自身の成長のため

いでしょうか。

「企業の目的は、利益を追求すること」

「仕事の目的は、お金を稼ぐこと。給料を上げれば、社員のモチベーションは高まる」

そう公言している経営者もいますが、本当にそうでしょうか？

生活のため、家族のために働く。それはもちろん大切ですが、お金＝モチベーションにはなりません。給与を上げれば、社員は一時的に奮起しますが、2～3カ月もたてば給料増によるモチベーション効果は薄れます。

社員が本当に求めているのは、お金以外の「働く目的」であり「働く喜び」かもしれません。

経営者や管理職にとって必要なのは、仕事そのものの目的や価値を提示し、社員に働く喜びを理解させることです。

「優秀な人材ほど会社を辞めてしまう。なんでだろう？」

多くの経営者がそう嘆いていますが、最も大きな原因は「働く目的」や「働く喜び」を明確にできていないからです。

では、そもそも、なぜ売上を増やさなければならないのでしょうか?

それは世の中に価値を提供し、多くの人々の役に立つためです。

社員が次ページの図の「左」を向いているとき、だいたいにおいて社員は「仕事をするのが嫌だ」と思っているようです。生活のために仕方なく働いている、という状態です。

本来は、「右」を向いてほしいのです。

その企業が提供しようとしている価値(企業理念にそれが書いてあるはずです)を一緒に顧客や社会に提供するために働いている、という社員が多ければ目的意識が明確になり、仕事の意義を見出して、一生懸命働くのではないでしょうか。

社会に対して、顧客に対して、より多くの価値を提供して「ありがとう」と言っていただく機会を増やすことが、働くことの目的なのです。

企業にとっての売上は、企業が顧客・社会に提供した価値の総量です。
企業にとっての利益は、企業が創出した付加価値の総量です。

働くということ

働く目的は何か

顧客に、社会に、価値を提供して給与（報酬）を得ること

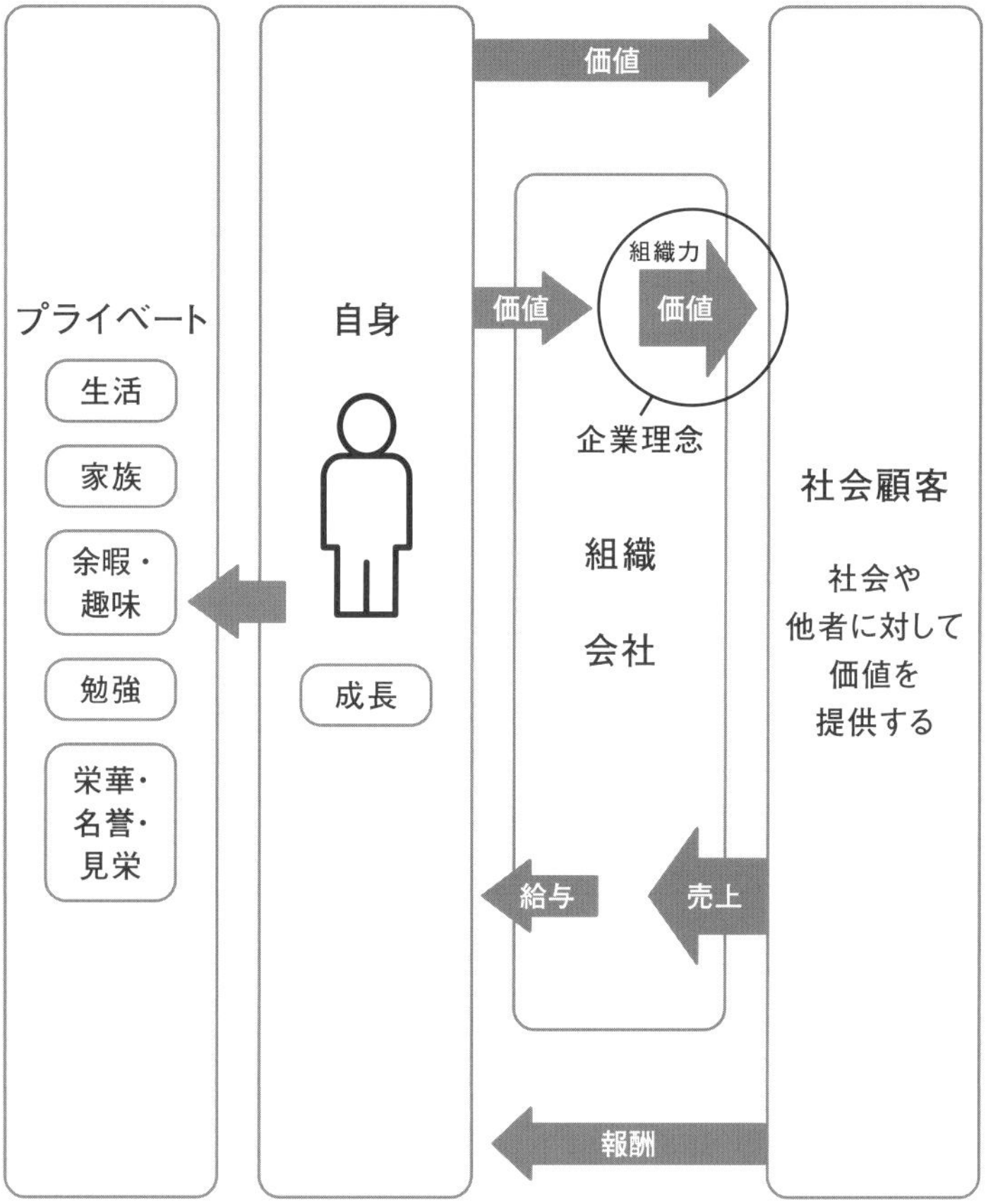

言い換えれば、価値を認めてくれた顧客からの「ありがとう」の量です。「売上が下がる＝世の中に価値を提供できていない」ということです。社会に貢献できていない企業は、存在価値がなくなってしまいます。

また、企業にとって利益とは、その企業が創出した「付加価値」の総量です。どれだけ付加価値を出せたかの指標なのです。

売上や利益は、結果であって、目的ではありません。目的は価値提供のはずです。

ある会社で、高い売上をあげた部下に対して、上司が「ありがとう」と伝えると、「俺はあんたのためにがんばっている

売上・利益とは

売上
企業が顧客・社会に提供した価値の総量

利益
企業が創出した付加価値の総量

んじゃない！」と、部下がキレたという「事件」がありました。自分はお客さんのために働いているのであって、上司のために仕事しているわけではない、と。

この上司は、売上をあげる目的について「自分の評価に響くから」「上がうるさいから」としか言っていなかったそうです。

だから、仕事に対して高い意欲を持っていた部下はキレてしまったのでしょう。


働く目的が共有されていれば「ありがとう」というひと言の意味も変わります。


会社が目指すものや、世の中に提供している価値が、きちんと浸透している企業では、仕事を通じて達成できた喜びを会社全体で分かちあえます。

それならば上司が部下に「ありがとう」と言えば、部下も素直に喜んでくれます。そういう環境が働く人のモチベーションを高めていくのです。


「お客さんに喜んでもらうには、どうしたらいいか？」

「それは社会にとってプラスになるのか？」

など、理念を絡めた問いかけを日頃から発していくことが大切です。

そうすると部下は、自分の仕事の価値や使命を理解し、モチベーションが高まっていきます。

日頃から「働く目的」について語る機会を増やし、社内に浸透させていきましょう。

そうはいっても、職種によっては顧客の顔が見えず、価値を提供していることを実感しにくいものもあるでしょう。たとえば管理部門がそうです。それでも、総務や経理が価値を提供する相手は誰か、ということを考えてほしいと思います。それは経営であったり社員であったり、株主かもしれません。人事ならば応募者もそこに入るでしょう。それぞれにどのような価値を提供するのか、それが働く目的になるはずです。

それでも難しい職種の場合、「仲間のため」という働く目的も考えられます。

次のフレームで考えてみましょう。

b モチベーションリソース——社員にどんなモチベーションで働いてほしいか？

109ページの図は、社員が働く際にどのようなことに「やる気」を感じるのか、という図です。

人が仕事に求めているのは「お金」や「理念の実現」だけとは限りません。社員にどのようなモチベーションリソース（やる気の源泉）で働いてほしいのか想定するのも、人事ポリシーの大事なポイントの1つです。
モチベーションリソースには、大きく分けると4つのタイプが考えられます。

●仕事型
仕事そのものが好きである。お客様に「ありがとう」と言われると嬉しい。

●組織型
その組織にいることを誇りに思う。会社が好き。組織での役割・責任でやる気になる。

●職場型
組織型の一種。そこにいる仲間と一緒に仕事をするのが楽しい。

●生活型
仕事で得たお金で得られるものがやる気の源泉。家族、趣味、買い物などが目的。

モチベーションリソース

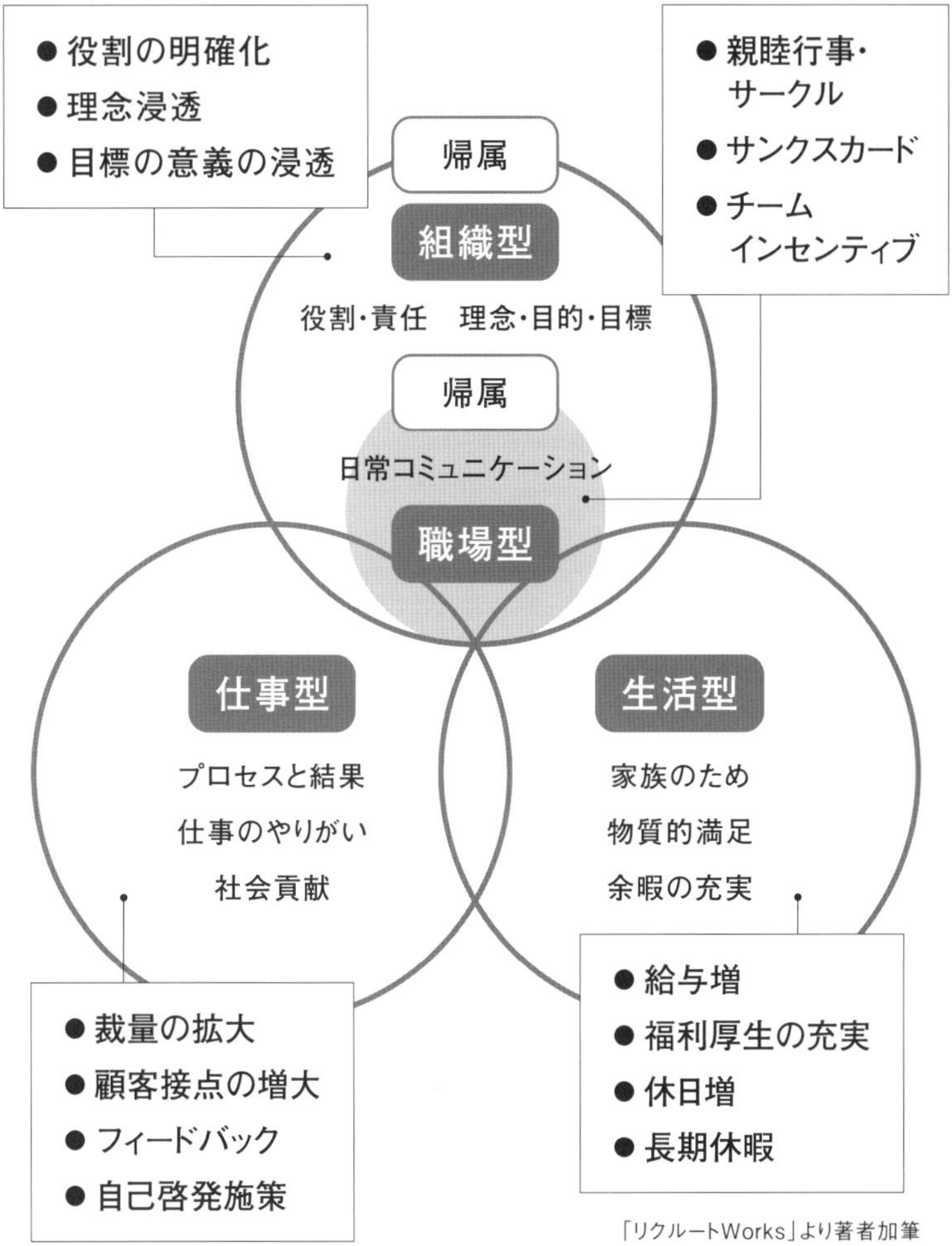

「リクルートWorks」より著者加筆

「仕事型」は、仕事そのものや、お客様の役に立っていることをやりがいに感じるタイプ。

仕事が本当に充実していれば、実はお金や生活のことはあまり気になりません。

ただし「仕事型」の人は、仕事にやりがいが感じられなくなると会社を辞めてしまう傾向もあります。

仕事自体をモチベーションリソースとして維持し続けていく最適なマネジメントの1つは、裁量権を持たせることです。

あるブライダル企業では、1顧客1担当という制度を行なっていて、1人のプランナーに1つの結婚式をすべて任せることで社員のモチベーションを高めています。

それはそれで大変な仕事なのですが、その会社では「いい結婚式をつくる」「その日を最高の1日にする」と、目を輝かせ、嬉しそうに仕事の話をしています。

裁量権が大きくなればなるほど、「仕事型」の人のモチベーションは高まります。

「組織型」は、会社や組織そのものに誇りを持っているタイプ。

たとえば大手広告会社やテレビ局の社員などがその代表例といえるのかもしれません。

オリエンタルランドやスターバックスのように理念に共感し、誇りを持って働いている会社のスタッフも、組織の一員であることをモチベーションリソースとしていると思います。

「組織型」の人のモチベーションを高める方法は、会社のミッション、ビジョン、バリューといった理念を徹底的に浸透させ、共感をより高めていくこと。あるいは、組織内での役割や責任などといったステイタスを積極的に与え、組織の一員であることを強く自覚させていくことです。

会社自体のステイタスを上げることも、「組織型」の人のモチベーションをより高めます。

「職場型」は、自分が所属しているチームや職場が好きなタイプ。

そこにいる仲間と同じ時間を過ごすことや一緒に働くことが楽しければ、仕事内容にはそれほどこだわらない人も多くいます。

「職場型」の人のモチベーションを高める方法は、仲間意識を高めていく施策を打つこと。新年会、忘年会、社員旅行、運動会といったイベントやレクリエーションを積極的に行なうことが、「職場型」の人たちのモチベーションを高めるかもしれません。サンクスカードなども効果があります。長らく廃止していた運動会を復活した会社もありました。

オフィスにバーやカフェを設置するなど、社員同士の交流を深めやすい環境をつくることも、職場型のモチベーションリソースとなり、仲間意識を高めていく効果があります。

「生活型」は、仕事自体や会社、職場ではなく、休日に旅行に行ったり、映画を観たり、買い物に行くなど、仕事以外の楽しみを生きがいとしているタイプ。

生活型の人にとっての「いい会社」とは、より多くの収入を得られることや残業や休日出社がないことです。

ワークライフバランスを重視した効率のよい働き方を実現し、手当やインセンティブをつけることが、「生活型」の人たちにとってのモチベーションを高めるでしょう。

ここで気をつけなければならないことは、**「みんなが生活型ではない」ということ**です。「給料を上げれば社員のモチベーションは高まるだろう」「インセンティブをつければやる気を出すだろう」という生活型だけでの施策は際限がなく、効果も長続きしません。給料が高く、休みが多い会社が必ずしも高業績とは限りません（そもそも高業績を維持できないはずですね）。前掲の図にあるように、モチベーションによっては、打つべき施策が違うのです。

何をモチベーションリソースとするかは人それぞれ異なるものですが、企業のポリシーを定めることで一定の方向に導くことは可能です。

あなたの会社の社員には、何を「やりがい」として働いてもらいたいのか、ぜひ考えて

ください。

105ページの図の外側は人事的施策例です。高めたいモチベーションによって、打つべき施策も異なるのです。

c 就業観 ——人の「就業観」をどのように考えるか

1950年代後半に、アメリカの心理・経営学者ダグラス・マクレガーによって提唱された有名な理論があります。「X理論（本質説）」と「Y理論（性善説）」、あなたの企業はどちらに立脚していますか？

工業化社会における工場労働は、X理論に立脚することが多かったといわれています。一方で知的労働においてはY理論のほうがよさそうではありますが、100パーセント「Y」というわけにもいきません。

これは、「完全にどっち」というものではありませんが、それでもどちらに重心を置くかによって、取るべき施策は変わります。

どうもこれは経営者、特に創業者のそれまでの経験によるところも大きいように思えま

就業観➡X理論／Y理論

X理論（本質説）	Y理論（性善説）
人間は仕事をするのが嫌いで仕事はしたくないものだ。 企業目標達成のためには、統制・命令・処罰による脅しが必要である。 人は金のために働く。 普通の人間は命令される方が好きで、責任を回避したいと思っており、安全を望んでいる。	仕事で心身を使うのは娯楽や休息とおなじように自然なことである。 普通の人間は生来仕事が嫌いというわけではない。 責任を引き受けるだけでなく、自ら進んで責任をとることを学習する。 もっとも重要な報酬は、自我の欲求や自己実現の欲求の満足である。 人は自らをゆだねた目的に役立つためには自ら命令し、自ら統制するものだ。 組織的問題の解決に際して、比較的高度の創造力、想像力、工夫力を働かせる能力は多くの人に備わっている。
▼	▼
● 勤怠管理の強化 ● 行動管理（日報・週報） ● セキュリティ強化 ● リスク教育	● 目標管理（目標と自己統制による管理） ● 成果確認 ● 裁量の拡大 ● 機会創出・発想力教育

アメリカの行動科学者 D・マクレガーが経営管理について名づけたもので
人間に対する本質的な見方を2つの異なる理論として対比させたもの

す。「人を信じられるか、信じられないか」といったところにまで行きついてしまいそうです。

たとえば、前述した「目標管理制度（目標と自己統制による管理）」は多くの企業で導入されている仕組みですが、「目標を自ら設定し、目標に向かって、自己統制（セルフコントロール）しながら目標を達成する仕組み」をX理論の企業ではうまく運用できないでしょう。

こちらは「求める人材像」にも影響してくるものです。

d 何を大事にして評価するか ——給与・賞与をどう支払うのか？

企業人事、特に人事制度において極めて大切なのは、何を重視して人を評価するのか、何に対して給与を払うのかを明確にすることです。

「給与って、どうやって決めればいいのですか？」

ある会社の経営者から、そんなご相談を受けたことがあります。

その会社は全国各地に次々に出店して急成長しているベンチャー企業だったのですが、これまでずっと同業他社を参考にして、なんとなく給与の額を決めていたそうです。

私が主宰する「人事の学校」を受講している経営者や管理職にも、給与の決め方がよくわからないという人が多くいます。何に対して給与を払うのかをよく考えず、漠然とした考えで給与額を決めている企業が多数なのだと思います。

給与を決めるというのは、社員の「何」を重視して評価するのか、その評価をどのように給与や賞与に反映するのか、その企業の人に対する考え方を表すことです。評価制度、給与制度を見直すことによって、あなたの会社の「考え方」がより明確になります。

次ページの図は日本における代表的な評価・給与制度の考え方（主義）です。あなたの会社では「何を評価し、何に対して給与を払っているのか」を改めて考えてみましょう。

●能力主義

社員の仕事をする「能力」に対して給与を払う考え方。高度成長期以降、日本の給与制度は、この能力主義が基本とされてきました。しかし、人が能力を持っているかどうかを直接的に判断することはできません。

何を重視して人を評価し、給与・賞与を払うのか

成果主義	直近の成果に対して払う （目標をしっかりと設定している?）
行動主義	直近〜現在の行動に対して払う （評価すべき行動:コンピテンシーを明確にしてる?）
能力主義	その人の能力に対して払う （能力をどうやって見る?）
職務主義	仕事の重さに対して払う （仕事の重さ、測れる?）
年齢主義	年齢に対して払う
勤続主義	勤続に対して払う
年功主義	過去に対して払う
生活保障主義	生活できるように払う

また、多くの企業では「年齢や勤続を重ねれば能力も高まる」という考え方に基づいて、長く働いた人ほど給与が高くなる「年功序列型」の考え方と親和性が高いものになっています。ビジネスにおける能力はおおむね積み重なっていくものですので、給与を下げる、ということはあまり想定されません。

●成果主義

社員が出した「成果」に対して給与を払う考え方。大事にしているのは一定期間における成果・業績ですが、成果のみを評価対象とする場合と、成果と（成果につながる）行動を評価対象にする場合があります。

バブル崩壊後、日本でも欧米型の成果主義の導入が大ブームになりましたが、成果は運や環境に大きく影響を受けること、そして売上以外は数値化が難しいとされていることや、短期間の過酷な目標設定による過度のストレス、自己の成績のみに邁進することで生じる人間関係の悪化など、多くの問題点が浮き彫りになり、現在は「成果と行動」に対して給与を払う考え方が主流になっています。成果が出なければ当然給与を下げることが可能です。

●行動主義

社員が取った「行動」に対して給与を払う考え方。能力は目に見えませんが、行動は実際に目にすることができます。また、成果は運・環境に左右されますが、行動は再現性が予見できます。行動主義は、コンピテンシー（成果を出すための欠かせない行動）を根幹に据え、「発揮された能力」としての再現性が予見できる顕在行動に焦点をあて、給与を決める考え方です。

具体的な行動は、その頻度や確度を直接的に評価することが可能なので、能力主義の代用として用いたり、成果主義と組み合わせたりして運用している企業が多くあります。行動は「発揮されなければ意味がない」ものですので、行動していないようであれば、評価を下げ、給与を下げることも可能です。

以上の3つが、現在の日本企業において主流になっている評価・給与制度です。能力と行動と成果は次ページの図のような構造です。

「能力」がある人が「やる気（モチベーション）」を発揮すると「行動」に表われ、これは観察できます。そして行動した結果、「運や環境」が整っていれば「成果」につながります。

また、何度か出てきた「ジョブ型」についてもあらためてまとめてみます。

能力・行動・成果

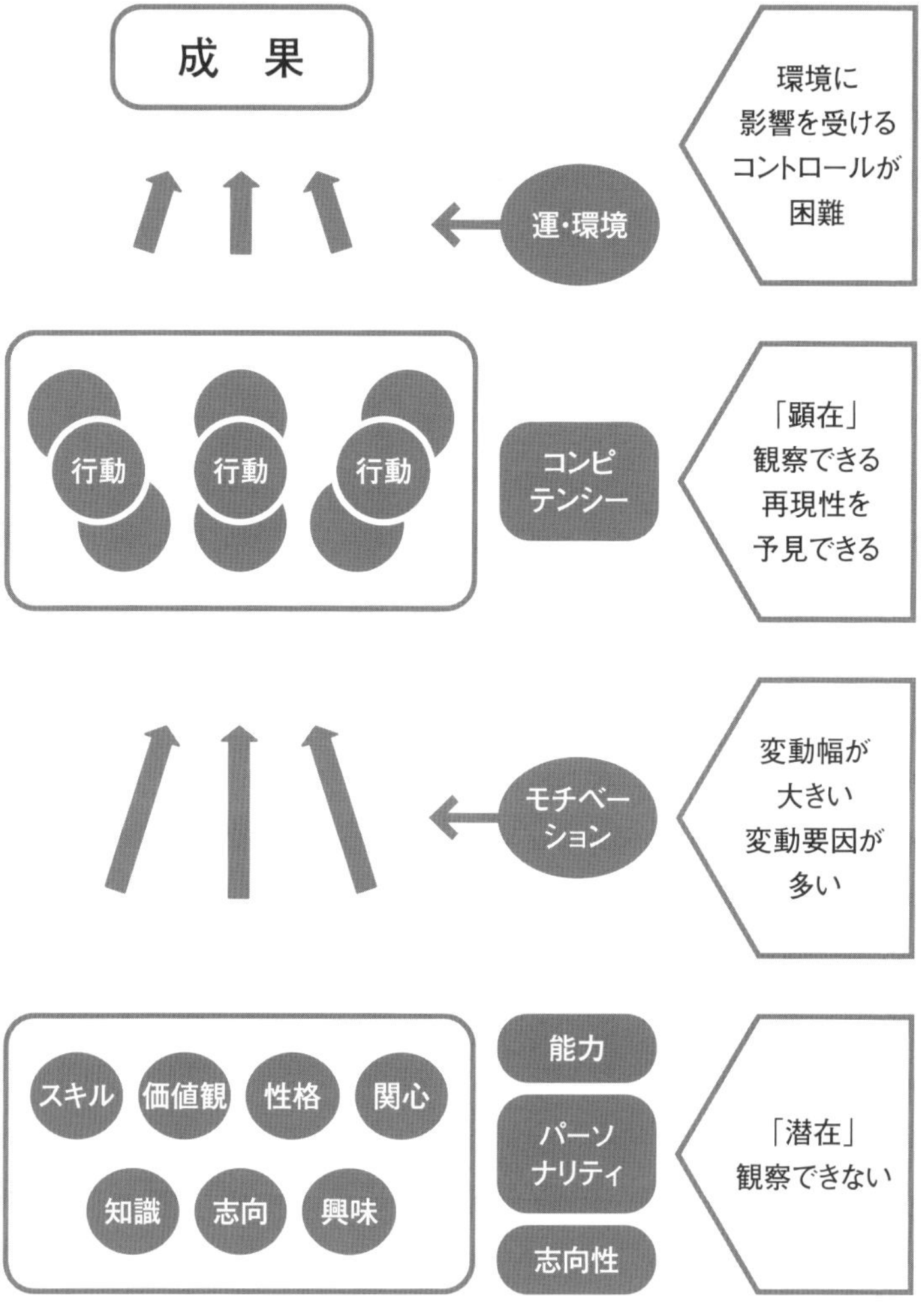
成　果
環境に
影響を受ける
コントロールが
困難
運・環境
行動
行動
行動
コンピテンシー
「顕在」
観察できる
再現性を
予見できる
モチベーション
変動幅が
大きい
変動要因が
多い
スキル
価値観
性格
関心
知識
志向
興味
能力
パーソナリティ
志向性
「潜在」
観察できない

●職務主義（ジョブ型）

人の能力ではなく、仕事の価値や責任の重さなど「職務」に対して給与を払う考え方です。営業部長は年収1000万円、人事部長は900万円など、ポストによって給与額が決まるので「役割主義」とも呼ばれている、外資系に多い給与制度です。職務の重さは職務記述書（job description）に基づいて決定されます。合理的な仕組みの1つですが、その職務の重さをどのように測るのかが困難であること、組織変更時に職務記述書を書き換えるなどのメンテナンスに手間がかかること、配置転換（ジョブローテーション）を基本的な人材育成法としてきた日本企業の慣習（メンバーシップ型）となじまない、など課題が多く、成功事例は多くありません。

バブル崩壊時に一時広がりましたが、その後下火になっていました。コロナ禍を経て「テレワーク」の進展などにより、社員の仕事ぶりが見えにくくなったこと、グローバル企業において、欧米企業の多くが「ジョブ型」であることなどから、大手企業では導入を試みているところもあります。

また、「そのジョブがなくなったときにどうするのか→辞めていただくのか→それは現実に日本でできるのか」「そのジョブを遂行できなかったときに処遇（給与）を本当に落とすのか」など、これこそ「考え方」をしっかりした上で、検討しなければならないものです。

また、戦後から高度成長期にかけて日本に定着した、勤続年数や年齢を重視する制度もいまだに根強く残っています。

●年功主義

年々積み上げてきた「過去の功績」に対して給与を払う考え方。能力主義に近いのですが、現在の能力を見るか、過去の功績を見るかという点が違います。

●勤続主義

社員の「勤続した年数」に対して給与を払う考え方。長く勤めた人ほど高く処遇されます。有給休暇の付与日数は勤続により増えていきますね。法律が勤続主義なわけです。また勤続年数によって決まる退職金制度にも反映されていますので、「勤続主義はまったくない」という企業は実はありません。

●年齢主義

社員の「年齢」に対して給与を払う考え方。30歳なら30万円、40歳なら40万円など、年齢に応じて給与が決まる年齢重視の給与制度です。実に公平な制度です。実際に年齢のみで基本給をきめている企業もありました。「年齢給」という仕組みが残っている企業も多々あります。

●**生活保障主義**

労働に対して給与を払うのではなく「生活保障」を重視している考え方。家族手当や住宅手当など、生活環境や子どもの成長などに応じて、さまざまな手当をつけていこう、という考え方です。

次ページの図を用いて、経営者に確認してみてください。勤続と年齢に関するフレームです。

次ページの図の左側は、勤続とパフォーマンス（これもパフォーマンスとは何か、という定義にもよりますが、企業への貢献度ということにしてみましょう）が同じで、年齢だけ違うAさんとBさんです。給与などの処遇は同じでよいですか？

経営者によっては、「やっぱり年齢が高いといろいろお金もかかるだろうからAさんを処遇したい」と考える方もいますし、「いやいや、若くて伸びしろがあるBさんを処遇し

年齢か勤続か

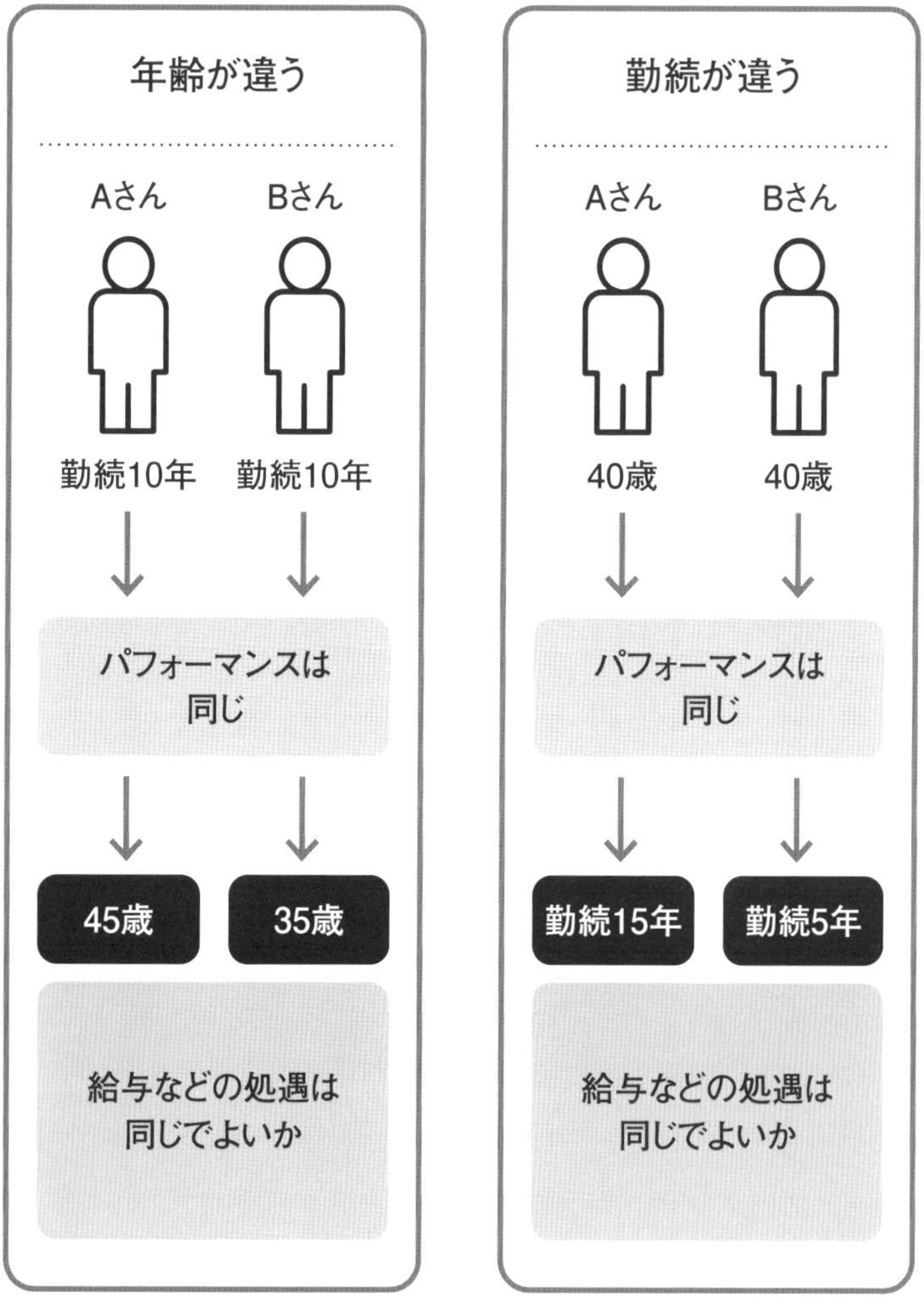
年齢が違う
Aさん
Bさん
勤続10年
勤続10年
パフォーマンスは同じ
45歳
35歳
給与などの処遇は同じでよいか
勤続が違う
Aさん
Bさん
40歳
40歳
パフォーマンスは同じ
勤続15年
勤続5年
給与などの処遇は同じでよいか

たい」という方もいます。もちろん「まったく同じであるべき」という経営者も多くいます。

右ページの図の右側は、年齢は同じですが勤続だけ違います。

こちらも「長く働いてくれているAさんを処遇したい」という方と「たった勤続5年でパフォーマンスをあげているのならばBさんを処遇するべきだ」「まったく同じであるべき」とさまざまなお答えが返ってきます。

これらが人事ポリシーそのものなのです。ここははっきりさせておきましょう。

世の中の評価・給与制度は、ほぼこれらに基づき、1つの主義か、「行動＋成果」や「勤続＋年功」といった複数の制度の組み合わせによってつくられています。

大きく分けると、**成果・行動は「いま」を大事に考え、年功・勤続などは「過去」を重視して給与を決める制度**です。

能力主義は、言葉だけを見ると「いま」の能力を重視する制度のようですが、実際には年齢や勤続年数といった「過去」を重視する年功・勤続主義に近い考え方です。

●時価払いか後払いか

次ページの図は、年齢と給与の関係を表したものですが、上は従来の終身雇

後払い／時価払い

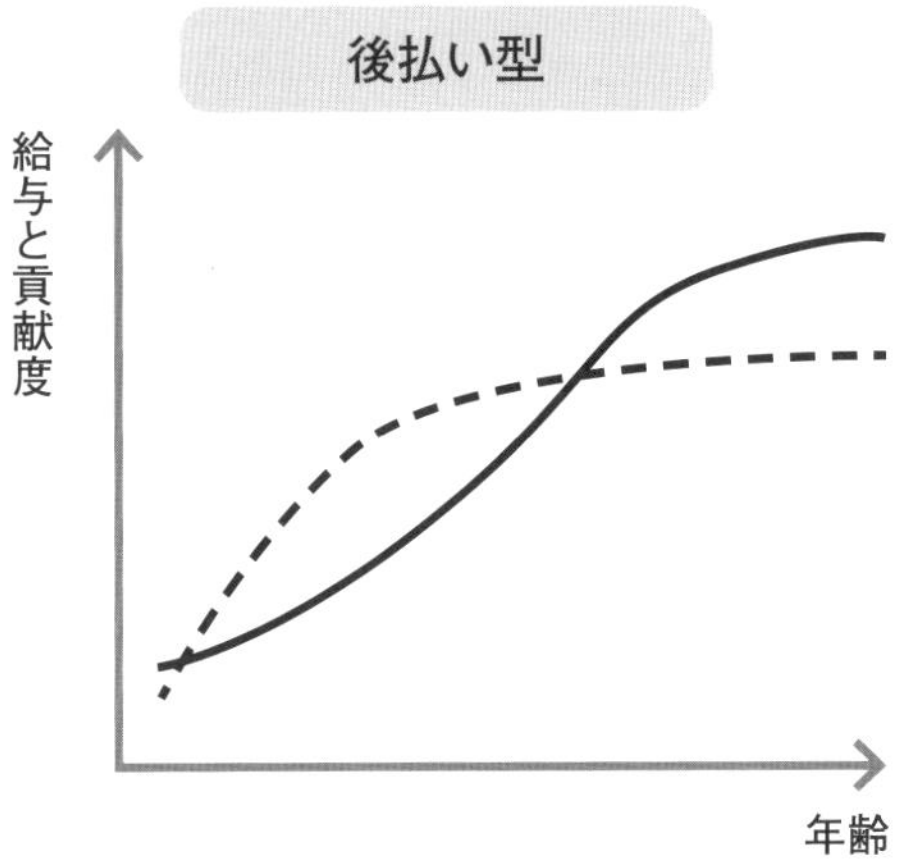
後払い型
給与と貢献度
年齢

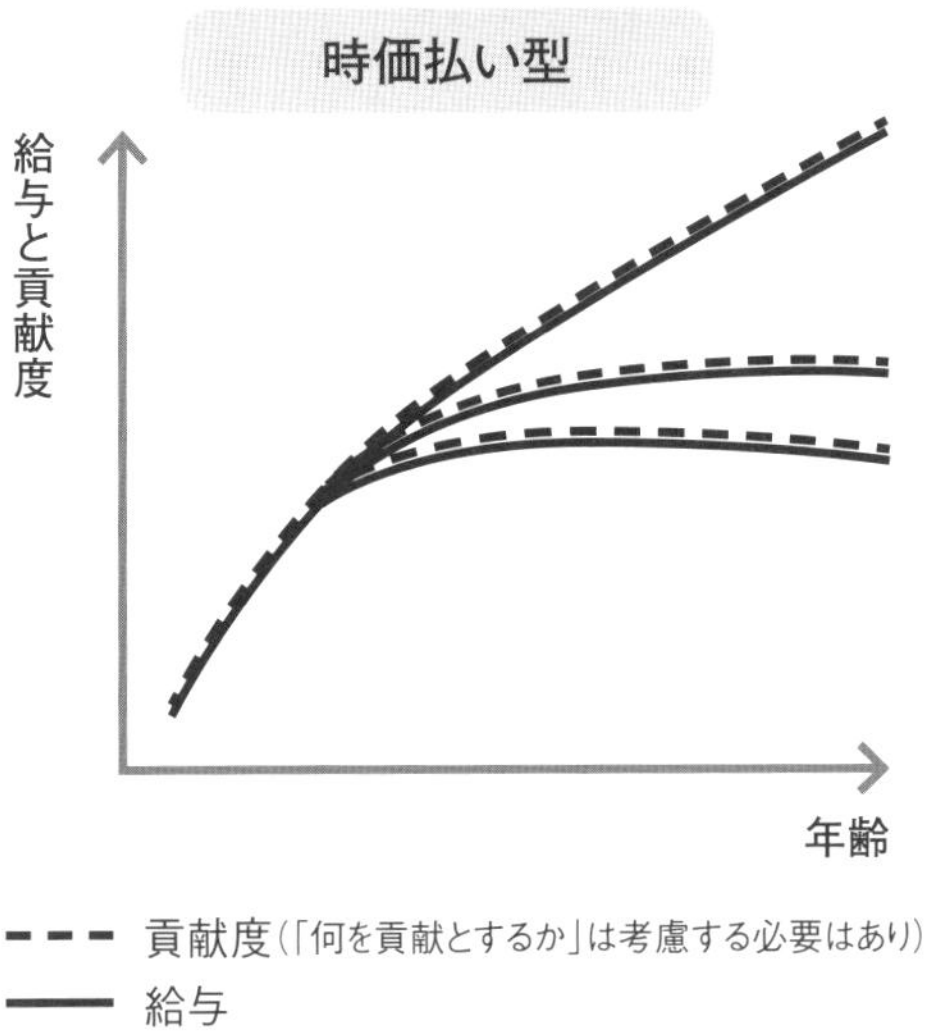
時価払い型
給与と貢献度
年齢
貢献度（「何を貢献とするか」は考慮する必要はあり）
給与

用・年功序列のモデルです。**「後払い型」**ともいえます。

若いうちはパフォーマンスに対して給与を低く抑えておき、おおむね45歳以上で後払い的に給与水準を上げていく考え方です。住宅ローンや子どもの学費にお金がかかるでしょ、という生活保障的な考え方もここには入っています。

一方下側は昨今よく選択される**「時価払い型」**です。「いまのパフォーマンスに対して、いま払うよ」というものです。

「若い人が辞めていく」、と最近特に多く聞きますが、それは、上側の後払い型の企業に多くあるように思えます。

2019年頃より、45歳以上などの中高年の「黒字リストラ」とされる早期退職・希望退職を行なう有名企業が増えてきたことも後払い型が原因ともいえます。「いまが低く抑えられている」と若手が思えば、転職を考える、というのもわかる気がしますね。

いずれにせよ何を評価して何に対して給与を払うのかは、その企業が最も大事にしている価値観によって決まるので、何が正解とは一概には言えません。

ただし、はっきりしているのは、年功・勤続・年齢主義が定着した高度成長期と現在では、日本を取り巻く環境が大きく変わっていることです。

1950年代の日本の平均年齢は20代、1960年代は30代でしたが、2020年代の日本人の平均年齢はほぼ50歳です。

年功・勤続・年齢主義が定着した時代は、日本人がみな若く、経済が成長し続けている時代だったから「若い時期は給料が安くても年を取ったら高くなる」という後払い型の給与制度が可能でした。

しかし、高齢化が進み、経済も停滞している現在の日本では、後払い型の給与制度を維持していくのは困難です。すでに多くの企業が「行動主義＋成果主義」あるいは「職務主義」に移行していますが、今後ますますそういう傾向が強まっていくでしょう。

評価・給与に関する人事ポリシーについてのご相談を受けると、私も「行動＋成果に対して給与を払う」ことをおすすめしています。

企業の目的は、価値を提供して対価を得ること。ならば、個人においても創出した価値と対価はイコールであるべきです。

能力は目に見えませんが、行動は目で見て確認することができます。結果としては成果に結びつかなくても、成果につながる行動をしているのならば評価の対象にできます。

成果はもちろん大事ですが、成果は「運・環境」によっても左右されます。

成果だけを判断基準にしてしまうと、評価を誤りやすく、給与額の変動も大きくなりすぎることが多く、社員が安心して仕事に打ち込むことができなくなります。

給与には、安定感と躍動感の両方が必要です。

社員の「行動＋成果」を大事にして評価を行ない、基本給は「未来の成果に対しての投資」と考える。賞与は「直近にあげた成果・業績の精算」として考える。私はそれが理想的だと考えています。

いずれにしても、評価と給与の考え方には、このように複数の選択肢があります。現在や過去、行動や成果、年齢や勤続年数。あなたの会社では社員の「何」を大事にしているのか、改めて考えてみてください。

それによって求める人材像や応募者へのメッセージ、入社後の育成の仕方は大きく変わってきます。

e 何に対して払うか ——基本給や賞与の考え方

前項から引き続き、改めて基本給や賞与について考えます。

基本給は何に対して払っているのでしょうか。

もちろん「労働の対価」ではあるのですが、では、基本給が人によって違うのはなぜでしょうか。

また賞与は何に対して払っているのでしょうか。

企業の業績や、個人のあげた成果に対して払っているのでしょうか。あるいは、社員の生活給として払っているのでしょうか。

実はこれらを経営者や人事担当者に尋ねても、ズバっと答えが返ってくることがあまりありません。「そういえば、何に対してだっけ？」と考え込まれてしまうケースもあります。

しかし、どの企業もこれらははっきりしておいたほうがよいでしょう。

これらについて考え方の例をお示しします。

多くの企業で「確かにそうかもね」と言っていただける考え方としては、**基本給は「未来に対しての投資」であり、賞与は「直近の業績・成果に対しての精算」**とするのが、すっきりしそうです。

新卒初任給は、何に対して払っているかと考えるとわかりやすいはずです。

4月に、まだ研修しかしていない新入社員に初任給を払うわけです。売上や利益につながる成果はほとんど出していないでしょう。研修は労働といえばそうかもしれませんが、どうもそれだけではすっきりしません。

初任給は、新入社員に対する、「将来への投資」と考えたらどうでしょう。「将来、この金額以上の価値を会社にもたらしてね」というものなのではないでしょうか。

そして、新入社員と2年目の基本給が違うのは、1年目より2年目のほうが、

何に対して給与・賞与を払うか〈投資／精算〉

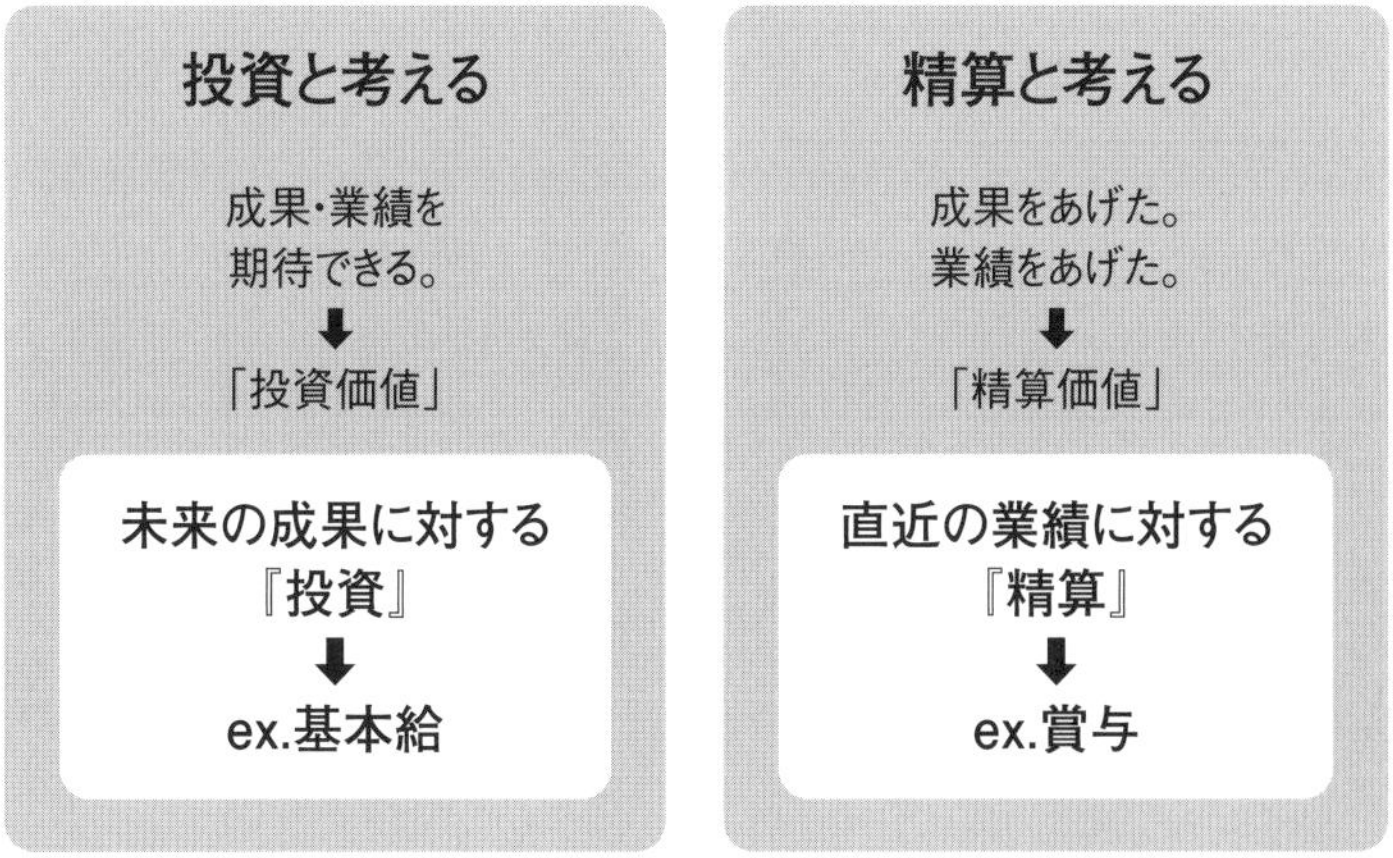

「投資をする価値が上がったね」と言える（そうでもない人もいるかもしれませんが）からではないでしょうか。より、価値を創出できると判定された人の基本給が上がっていくのです。

賞与は、直近半年間や1年間の企業の業績、組織の業績、個人のあげた成果に対して払うと考えると、あげた価値に対する「精算」と考えるのがすっきりします。

ここではっきりしておきたいのは、「もし企業が赤字だったら賞与を支給するのか」ということです。

企業があげた利益の精算ならば、赤字ならば支払いません。ゼロです。また「まったく成果をあげなかった」という社員がいたとしたら、それも精算価値はゼロです。

「賞与がゼロ」ということを想定できますか？

さまざまな企業の給与制度に関わらせていただいていますが、ベンチャー企業などの「新しい会社」は、「当然」とお答えになるケースが多いですが、歴史の古い会社では、「え？賞与ゼロなんて考えられないよ」「最低基本給2カ月分は、どんなことがあろうと支給するよ」「賞与は生活給の一部でしょ」など、いろいろなケースが出てきます。**「賞与の定義」**

積上・積下／洗い替え

洗い替え方式

前年実績は鑑みない。
評価期間の業績・評価により都度支給額を決定する

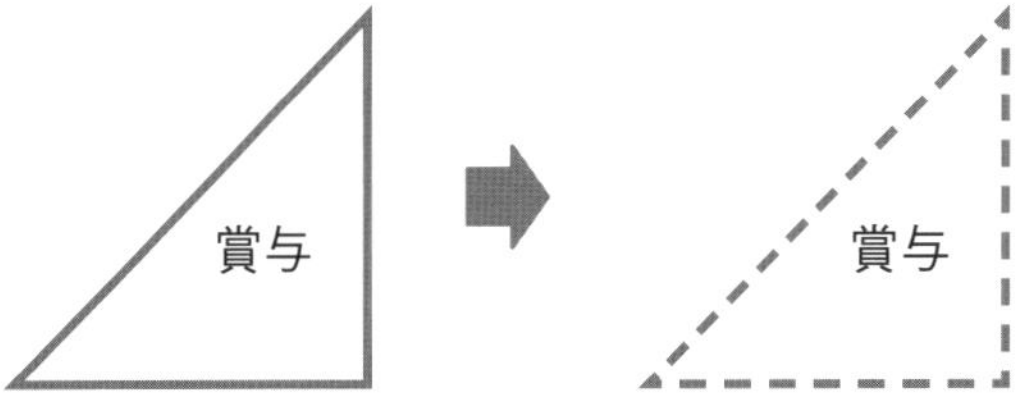

積上・積下方式

前年実績に基づき上げ・下げする

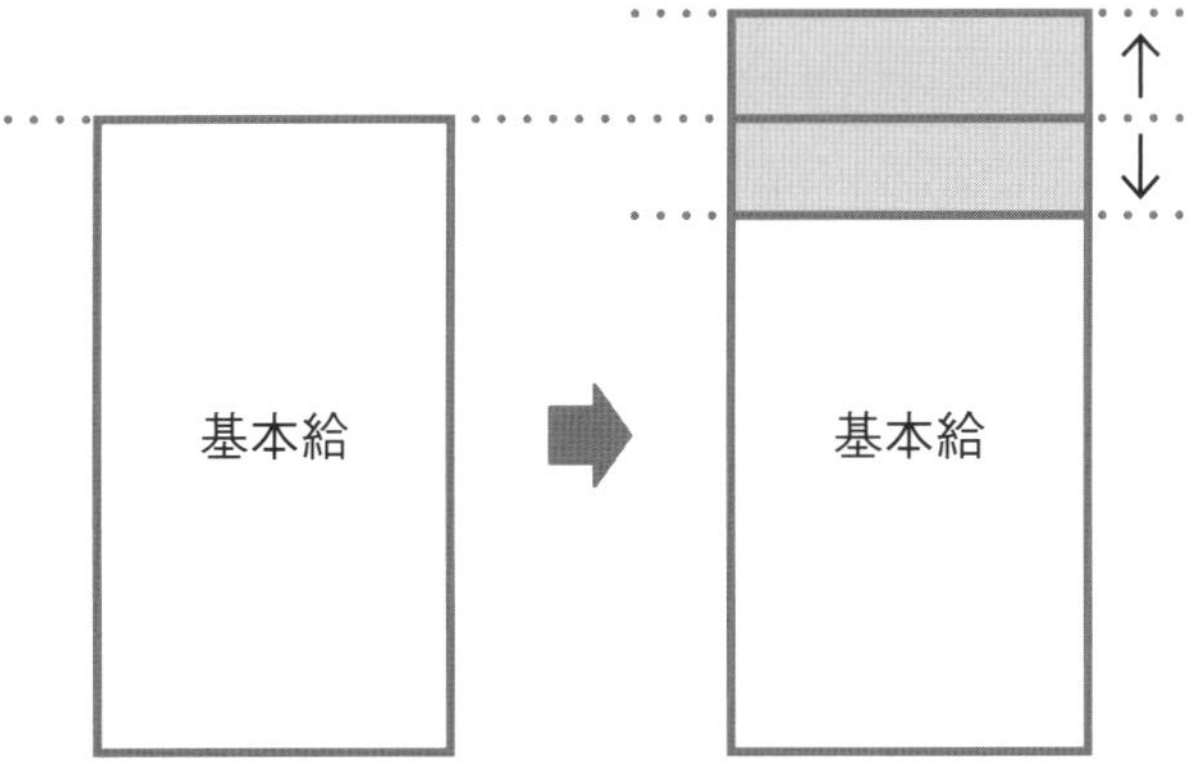

が不明確なのです。まったく成果を出さなかった最低評価の人にも、一定額を支給する、としている会社は多くあります。

「賞与も生活給として一部を支給するのだ」という考え方をしっかり持たれているならば、それも人事ポリシーですから、よろしかろうと思います。

要はよく議論いただき、しっかりと定義づけをしていただきたいのです。


これらを踏まえて、給与や賞与の支給額についての考え方も整理しましょう。


基本給は「積上・積下方式」、賞与は「洗い替え方式」と考えるのがわかりやすい考え方です。

「積上・積下方式」は、前年の支給額を基準として、「いくら上げるのか」「いくら下げるのか」を考えます。「昇給率」といって「%」で考えることが多いですね。

基本給を投資価値によって決めているとすれば、投資価値が上がれば昇給、下がれば降給となります。人への投資価値というものは、すぐに倍になったりゼロになったりするものではないでしょう。ですから「積上・積下方式」と考えるとすっきりしそうです。


これに対して「洗い替え方式」は、乱暴な言い方をすれば、「去年いくら払ったかなんて知らないよ」というものです。「去年50万円だったかもしれないけど、今年はゼロね」「100万円ね」という考え方です。

賞与を精算価値として、会社や組織の業績、個人の成果に対して払うものとすれば、直近半年や1年間の精算ですから、赤字になればゼロかもしれません。利益が倍になれば、2倍支払われるかもしれません。

「投資価値」「精算価値」という考え方をしっかりすれば、支給額の決め方についての考え方もはっきりします。

現実には、こう「すっきり」していないケースが多々あります。「そもそも基本給を下げるというようなことをするのか」だけでも大きな論点になるでしょう。また、賞与を生活給と考えて、住宅ローンの多くを賞与払いにしている社員もいるかもしれません。

- **基本給はなぜ上がるのか（毎年自然に上がるのならば、勤続主義なのか？）**
- **基本給を下げることはありか**
- **賞与の定義は何か**
- **賞与ゼロはあり得るのか**

自社はこれらをどう考えるのか、しっかり議論していただきたいと願います。

また、「手当はなんのために払っているのか」についてもいま一度確認しましょう。**手当というものは、一度始めたらなかなかやめられません。手当をつけるのは慎重になっていただきたい**と思います。

住宅手当や家族手当は「生活保障主義」的なものです。「うちは成果と行動のみを評価する」という人事ポリシーであれば、なじまないものです。

一方で、「社員の家族は社員である」という経営者もいらっしゃいます。そのようなポリシーならば、家族手当などは大いにあり得ます。

これらも、しっかりと議論し、定義づけしてください。

f　2：6：2　――どの層を重視するか

前項で「基本給を下げることはありか」「賞与ゼロはあり得るのか」を議論、確認いただきたいと申し上げましたが、これに関連して、次のフレームも議論いただきたいと思います。

「2：6：2」の重視する層はどこか、です。

よくいわれている「利益の半分以上を稼ぐ上の2」「普通な真ん中の6」「足を引っ張る下の2」というものです。「集団の上位の2割が、全体の8割を生み出す」ともいわれます。

こちらについても経営者によって考えはさまざまです。

- **上の2だけいればよい**
- **上の2をどんどん処遇して、その他との格差を広げていきたい**
- **2と6が大事だ。6から上の2が生まれてくるようにしたい**
- **下の2は処遇を下げるか辞めてもらいたい**
- **下の2には6以上になるように機会を与え、ダメだったらお辞めいただきたい**
- **一度縁があった人たちなのだから、下の2も含め、すべての人にがんばってもらいたい**

どれが正しいというものではありません。それぞれの企業の考え方です。

上の2だけを処遇したら、6以下は辞めてしまうかもしれません。

下の2をなんとかしようとし続けたら、上の2が「がんばっても報われない」として辞めていくかもしれません。

外資系で聞く「UP or OUT」という考え方は「上の2」重視です。「給与が上がり続けるような人しかいらない」ということです。厳しいですね。

それぞれメリット・デメリットがあり、何がいい、というものではないのです。


また、下の2がいなくなっても、組織では、「また新たな2：6：2ができるだけだ」という話もあります。それでもある経営者は「企業は新陳代謝を繰り返さなければならない。新たな2：6：2ができても、また同じことをすれば、会社の人材レベルはどんどん上がっていくんだ」と言い、下の2に厳しく対応する姿勢を持ち続けています。

2:6:2

① UP or OUT
● 格差（高待遇）　● 抜擢　● 選抜型教育

② UP or STAY or OUT
③ UP or STAY or DOWN（OUT）
● 安定的給与　● 中長期育成　● 一律教育

④ UPのみ
⑤ UP or STAYのみ
● 再生教育　● 降格・減給運用

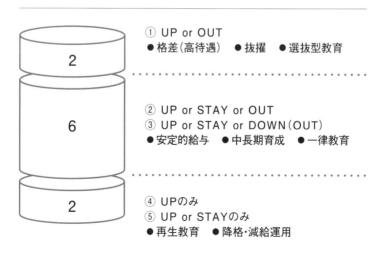

「当社の下は、2割はいない。でも0・5はいる。できるものならお辞めいただきたい。それが本人のためでもある」と言う経営者もいました。そもそも割合の問題ではなく、低評価者をどうするか、ここはしっかり議論する必要があります。

一方、昨今では、「選抜型教育」として、「上の2を意識的につくる」「早期に経営陣の育成を行なう」という「あえて格差をつくっていく」「みな同じではない」という人事施策を行なう企業もあります。

そもそもこれらは、自社の現在の状況にもよります。

次ページの図は、人事制度を構築するときに確認することなのですが、人事制度を改定したいという動機は、図のように、「年収とその人のパフォーマンスを正比例させたい」ということが多いのです。

長く続いてきた年功序列、終身雇用という施策で、「現在のパフォーマンスに対して年収が上がってしまった」という左上の層をどうするか、という問題への対処です。この左上の人たちに、「パフォーマンスを上げていただくのか（そうなればみんなが幸せです）」「パフォーマンスに見合った年収にまで下がっていただくのか」ということへの覚悟が必要です。

代謝概念

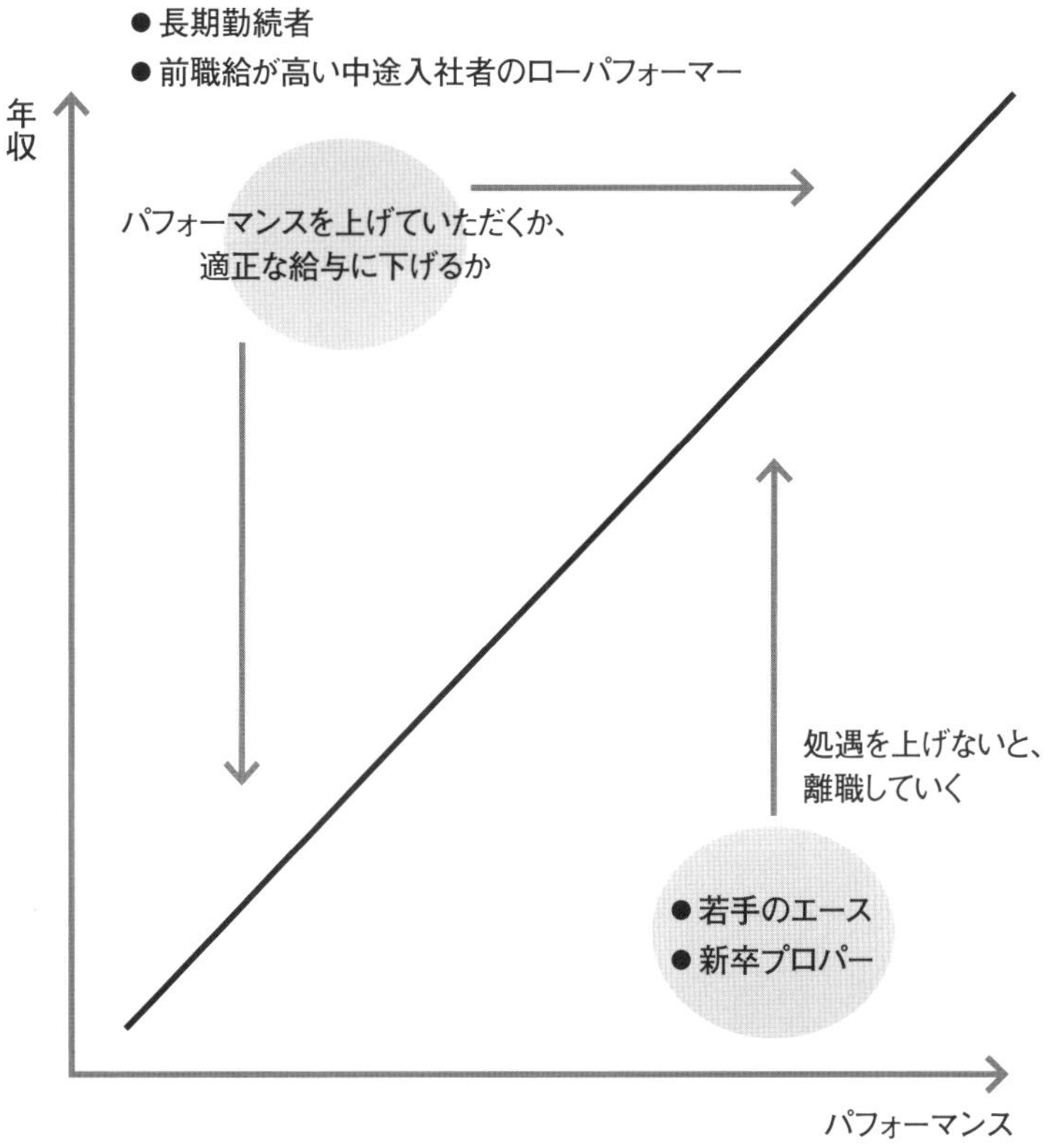
●長期勤続者
●前職給が高い中途入社者のローパフォーマー
年収
パフォーマンスを上げていただくか、
適正な給与に下げるか
処遇を上げないと、
離職していく
●若手のエース
●新卒プロパー
パフォーマンス

それができないと、右下の若年層の年収を上げられず（単に上げたら人件費が爆発します）、放置していたら離職してしまいます。

これらの代謝概念は、しっかりとした考えを持ち、「覚悟して」施策を行なわなければならないことなのです。

g 代謝概念 ――長期雇用か新陳代謝か

前項と関連し、**「そもそも長く働いてもらいたいのか」という考え方の整理も大切**です。

これは、142ページの図のAttraction & RetentionとPay For Performanceという考え方で整理できます。それぞれ説明しましょう。

Attraction & Retentionという考え方は「惹きつけと引き留め」です。できるだけ長く働いてほしいと考えているといえるでしょう。

一方、Pay For Performanceは「やった分だけ払うよ」という意味です。長期雇用はあまり想定していないともいえます。

私たちは経営者の方に「長く働いてほしいですか」という質問をします。「人が入れ替わる」よりも「長く働く」ほうがよさそうに思えますが、一概にそうとはいえません。

日本型雇用慣行の1つとされているのが「終身雇用」ですが、徐々にそれは形骸化しつつあります。転職市場はかつてなく盛り上がっています。そういった中で、「長く働く」という価値観をどのように考えるのでしょうか。

また「全員に長く働いてほしいですか」と質問すると、「上位の2割は長く働いてほしい」「上位の2割と次の6割には長く働いてほしい」という前項の議論に行きつきます。

さらに、「長く、とはどのくらいです

長期雇用か新陳代謝か

Attraction & Retention

長期雇用

長く働いてほしい
（長くとは何年ぐらい?）

- コンピテンシー（行動重視）
- 投資的基本給
- 積み上げ型生活給（人生設計）
- 継続的な教育投資

Pay for Performance

新陳代謝

人が入れ替わってよい
（入れ替わってほしくないのはどういう人?）

- 目標管理（成果重視）
- 精算的賞与
- 洗い替え型年俸制
- 即戦力採用

か」と聞くと「うーん、5年かな」「10年だな」という答えもいただきます。「終身」とは限らないのです。

これらは、業種・業態にもよりますので、経営者の思いだけではなく、自社の状況を踏まえて考える必要もあります。また、正社員・契約社員・パートなど、雇用形態によっても違う考えがあるかもしれません。

私は過去、ベンチャー企業といわれた会社に在籍していましたので、だいたい感覚的には「長くて10年」でした。私の2社目の会社では誰も60歳までそこにいるなんて考えていませんでした。

変化の激しい時代です。新卒22歳で入社して、65歳まで43年間。そこに居続けるということは考えにくいかもしれません。

つけ加えますが、ベンチャー企業にいたとき、「骨を埋めたい」「最後の転職にしたい」と言って入社された人ほど、長くいませんでした。「勤続だけが目的」というのは、厳しいようですね。

右ページの図にありますが、**長期雇用想定の場合のフィットする人事施策と、新陳代謝の場合の人事施策は異なります。**考え方をしっかりして施策を行なっていただきたいものです。

h 年収水準 ――目指すべき年収水準とは？

以上も踏まえながら、自社の年収水準はどのくらいを目指すのか。これは業種・業態・地域・業績にもよりますが、「いい人を採用し、辞めてほしくない」ということならば、世間水準より大幅に低いのはよくないでしょう。高いに越したことはないかもしれませんが、人件費率的に難しいかもしれません。

- **世間水準より高く設定する**
- **世間水準並み**
- **できるだけ低めに抑えたい**

前述の項目などを中心に、議論してください。

ある会社では、「初任給は一般水準の1・2倍とする」「30代前半までの年収は、世間水準より高く設定するが、その後は頭打ちとする」といった方針を決めているそうです（若年層重視の人事ポリシーです）。

低めに抑えたいということなら、その代わりにどのような施策を打つのか、などを考えていかなければならないでしょう。

とはいえ、給料が低いといいながら、社員が生き生きと働いている会社もあります。「好きな仕事」「楽しい仕事」「やりがいがある仕事」であれば、給料は気にしない、というケースも多々あるのです。

給与を上げればモチベーションは高まりますか？

「うちは給与が安いので人が採れない」「給与が低いので人が辞めてしまう」「給与を上げたいのはもちろんだが、現実的には難しい」とおっしゃる経営者も多くいます。

では逆に「給与を上げれば、人が採用できて定着し続けてくれる」でしょうか。

お金とモチベーションの関係は、経営者や人事担当者が陥りやすい問題です。

年収８００万円の人は、年収４００万円の人の「倍のモチベーション」で働いているでしょうか。

どうも、そうは見えません。年収が高いといわれる会社の社員全員が、やる気もりもりで働いているようにも見えないのです。

有名な「ハーズバーグの二要因理論（動機づけ・衛生理論）」というものがあります。

ここでは詳述しませんが、ハーズバーグによれば、「給与」は、衛生要因（それがないと、やる気がなくなる要因）とされています。逆にいえば、**「給与がもりもりあっても、やる気が増えるわけではない」とされています。**

私にも経験がありますが、それなりに昇給してもらったとき、そのときは一瞬やる気が出るのですが、しばらくすると元に戻ります。そういうものではないでしょうか。

場合によっては、昇給しても「思ったほど上がらなかった」と思われれば、モ

昇給とモチベーション

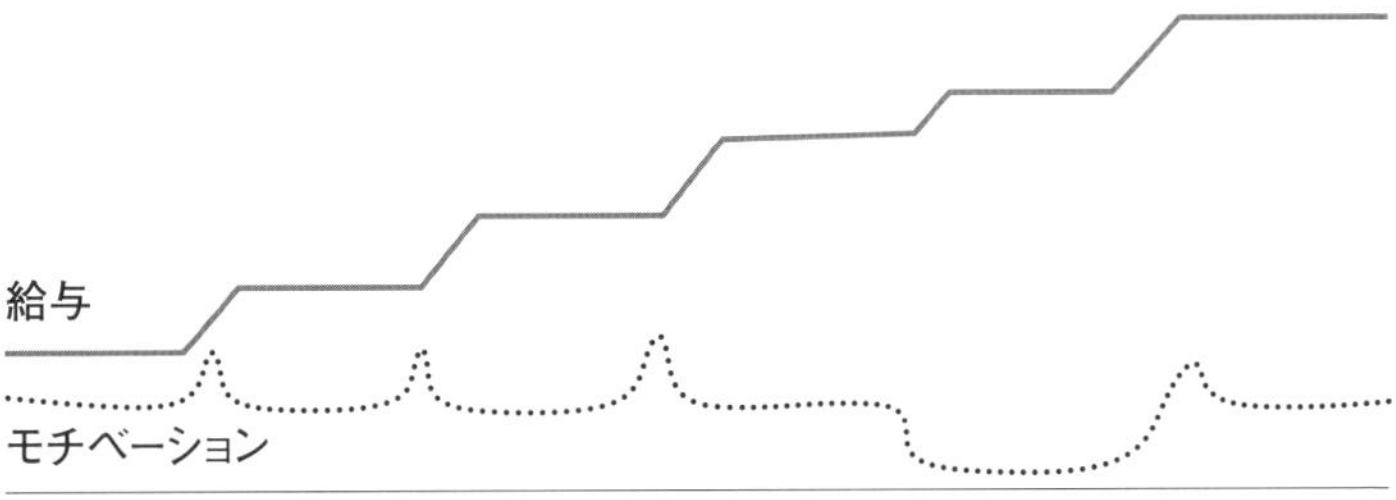

上の線は、定期的に「昇給」していることを示している。下の線は、モチベーションの状況を示してみた。昇給時には、一時的にモチベーションは高まるが、また元に戻る。さらに、「思ったより昇給額が低かった」「他者よりも少なかった」ということで、「昇給しているにもかかわらず、モチベーションが下がった」ということもあり得る。下がったモチベーションは、元に戻るまで時間がかかるようにも思う。いかがだろうか。

チベーションを下げてしまうこともあるでしょう。給与が上がってもモチベーションが下がることがあるのです。

お金以外のモチベーションの要素は、前述のように、仕事型や組織型・職場型などさまざまあります。

給与が安くても、社員が生き生きと働いている会社はたくさんあります。

「給与を上げていきたい」という思いはとても大切ですが、それだけでモチベーションを買い続けるのは難しいのです。

ハーズバーグの二要因理論

職務満足度事象	職務不満足度事象
動機づけ要因	衛生要因
達成すること	経営方針・管理体制
承認されること（顧客・組織内）	上司との関係
仕事そのもの	給与
責任（任されること）	同僚との人間関係
昇進・成長	作業条件（労働環境・時間）

03

人事ポリシーをフレームによって明確化する②

求める人材像に関わるフレーム

企業やその事業はS字で成長するといわれます。

まず**「創業期」**があり、そのビジネスが顧客・社会に受け入れられると**「成長期」**に入り売上が伸びていきます。しかし、いつまでも伸び続けません。そのビジネスがコモディティ化（一般化）し、競合が現れたりし、**「安定期」**に入ります。

安定期を続けていると、ビジネスの縮小が起こり、そこで十分な利益を得られなくなり、**「変革期」**がやってきます。変革期までに次のビジネスをつくれれば第2成長期を迎えます。以後、同じようなサイクルを繰り返します。


企業ステージによって、「求める人材像」は異なります。創業期や変革期は「新たな価値を生み出す」「これまでを否定する」といったことが求められ、これらには「リーダーシップ」という要素が重要になります。

また、成長期や安定期は「仕組みをつくり、効率化を追い求める」時期であり、「無駄を省く」ための「マネジネント」という要素が大切です。

リーダーシップやマネジメントについては次項で取り上げますが、**自社が、あるいは各事業がどのステージにいるのかをしっかり認識しておく必要があります。**

変革期の呪縛

多くの企業で「御社はどこのステージにいますか?」と質問すると、非常に多い比率で返ってくるのが「変革期である」という答えです。

企業の成長ステージ

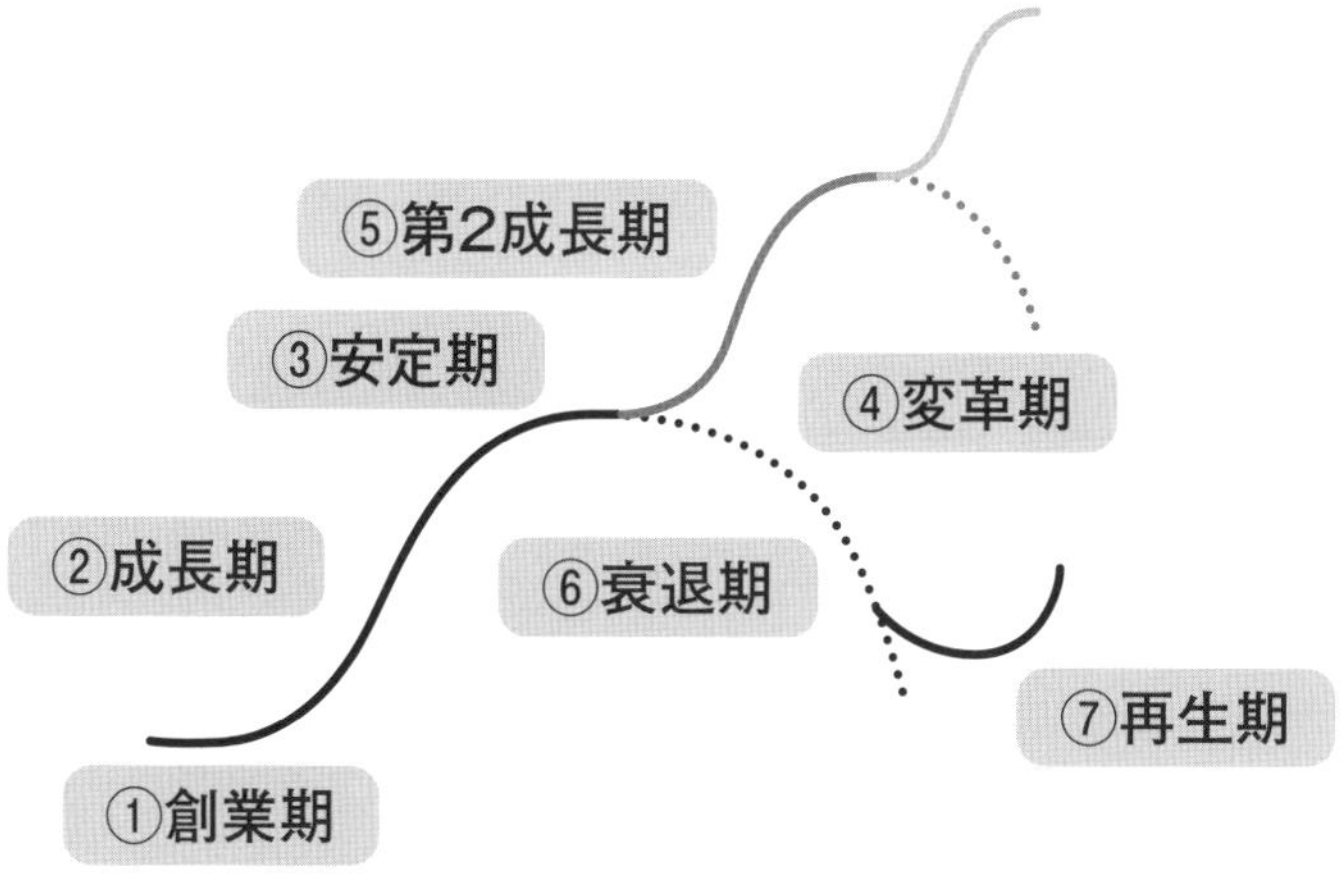

これは、経営者が「変革だ！」と叫ぶことでそのように認識されるようなのですが（本当に経営者の皆さまの流行語のようです）、「果たして本当に変革期なのか」は冷静に検証してください。

「変革」をするならば、何かを捨てなければならないはずで、何を捨てるのでしょうか。それは、事業や人かもしれません。「もうこれまでの事業、やり方は通用しないから止める」ということです。そこには痛みが伴います。

古くは「石炭産業」があり、また昨今では写真フィルムがデジタルカメラに、レンタルビデオが動画配信サイトなどに置き換わっていくような、そういうときには、ガラッと事業構造から変えなければなりません。求める人材像も大きく変わるでしょう。大騒ぎなはずなのです。自社が本当に変革期なのか、ぜひ議論してください。

私がベンチャーにいたころ、「既存ビジネスは10年は持つだろうが、その後に大変革期が来て、既存ビジネスは衰退する。それまでの間、既存ビジネスを遂行してもらえる人材とあわせて、来たるべき変革期を担う人材もいまから確保して育てなければならない」と考えていました。

教育においても、「既存ビジネスを担う社員が、変革期には別のビジネスに適応できるように、世の中に通用するようにしていかなければならない」と考えていました。

企業の成長ステージ：事業サイクル

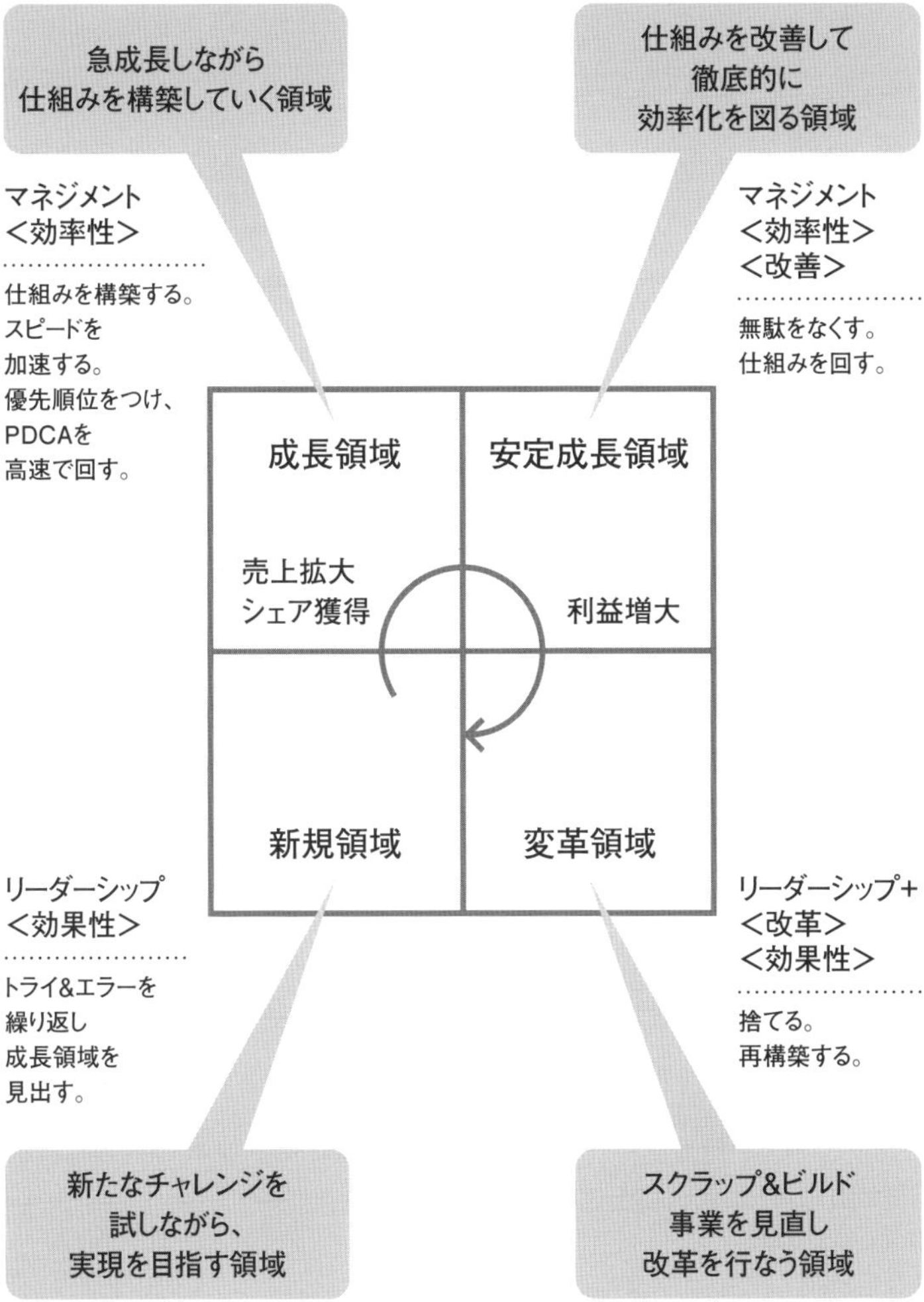
急成長しながら
仕組みを構築していく領域
マネジメント
<効率性>
仕組みを構築する。
スピードを
加速する。
優先順位をつけ、
PDCAを
高速で回す。
仕組みを改善して
徹底的に
効率化を図る領域
マネジメント
<効率性>
<改善>
無駄をなくす。
仕組みを回す。
成長領域
売上拡大
シェア獲得
安定成長領域
利益増大
新規領域
変革領域
リーダーシップ
<効果性>
トライ&エラーを
繰り返し
成長領域を
見出す。
リーダーシップ+
<改革>
<効果性>
捨てる。
再構築する。
新たなチャレンジを
試しながら、
実現を目指す領域
スクラップ&ビルド
事業を見直し
改革を行なう領域

また、次の会社では「既存ビジネスはまもなく踊り場を迎えるが、なくなることは恐らくないだろう。しかし、新たなビジネスを展開していなければ成長はないので、それを担う人材を一定量確保すべきだ」ともとらえていました。

いまが変革期ではなくても、将来それが想定されるのであれば、求める人材は中長期的に考えて、よく吟味してください。

j リーダーシップ／マネジメント――自社に最適な比率

よくビジネス現場で使われる言葉に「リーダーシップ」と「マネジメント」があります。この2つは概念が異なるといわれます。

リーダーシップは、「動きをつくる」ものであり、マネジメントは「無駄を減らす」ものであるともいえます。

創業・新規領域と変革領域では新たな動きをつくる「リーダーシップ」が重要です。これまで通りではダメなのです。しかしこれには「無駄」がつきものです。トライアンドエラーを繰り返すわけですから、失敗と無駄の宝庫になります。

可能性のある方法を探し続けるのです。100回やってみて、100回とも失敗するかもしれません。壮大な無駄です。しかし、この無駄をしないと、新しいビジネスは立ち上がりません。

一方、成長期・安定期には効率性（仕組みをつくり無駄を省く）を追求する「マネジメント」が重視されます。やるべきことはある程度決まっているわけですから、仕組みをつくって、無駄を省いていきます。

安定期におけるミドルマネージャーの「リーダーシップ：マネジメント比率」はおおむね「1：9」といわれます（比率1というと小さいかもしれませんが、安定期だとしても、一週間のうち丸半日は、「いまやらなければならないこと」ではなく、「新しいこと」「変えること」に取り組む必要がある、ということです。結構大きな比率です。なかなかできるものではありません）。

上級マネージャークラスでは「2：8」とされます。組織の上位層に行くほど、リーダーシップ要素がより求められます。

求める人材像をどちらに重きを置いて設定するか。企業ステージを踏まえながら判断する必要があります。

求める人材像　リーダーシップ／マネジメント

動きをつくる

リーダーシップ

- ビジョンを描き、自ら働きかけ、周囲を動かすこと
- 資源を勝ち取る＝自らリスクを背負う
- インフォーマルな権力ー私的な影響力
- 強制力ない…人心に訴える⇔人間関係
- 情緒的、共感性、動的、柔軟、臨機応変
- 自立変革型組織
- 鼓舞、人間、気持ち中心
- 方向づけし、共感性を育む能力

- 人間性、洞察力
- 理想的、有効性重視、価値観・納得可能性のある方法
- 全体、流れを見る
- 目的重視、使命重視

▼

新たな価値を創造する、変革する、失敗を許容する文化
新たな発想をする多様な人材の確保

無駄なくやる

マネジメント

- 経営資源を効率的に活用し、最大の成果をあげること
- 与えられた資源の配分＝選択、戦略
- 公的な権力ー職務権限

- 強制力…職務権限⇔権限依存
- 論理的、合理的、計画的

- 計画管理型組織
- 統制　仕組み、システム中心
- 目標達成のため徹底・継続する能力
- 論理性、分析力
- 現実的、効率性重視、成果・結果
- 確率の高い方法
- 部分、細部を見る
- 手段重視、経験重視

▼

確率の高い方法で着実に実行するための管理
ルールを守り、きっちりやり遂げる人材の確保

変革期・新規領域においては「リーダーシップ」型人材が欠かせません。しかし、長く安定期にいた企業にはこのような人材はなかなかいません。ですからなんらかの方法でこれを確保しなければなりません。

また、新規領域から成長領域に至ったときに、新規領域で活躍した人材が離れていくこともよくある話です。企業から求められることが変わっていくからです。

創業期から成長期にステージが変わったときにマネジメント系人材を確保することになります。つまり、「人が入れ替わる」ということなのです。

また、このリーダーシップとマネジメントの両方とも優れている人というのは、実際にはなかなかいないように思います。リーダーシップ人材は、ベンチャーの創業者のような、いろいろなアイデアを出し、試し、そして周りを巻き込んで（引っ張りまわして）、事業を成功させていく、いわゆる「変人」です。多くの場合、マネジメントは苦手なように思えます。

一方、マネジネント人材は「仕組みをきっちりつくり回していく人」で、いわゆる「しっかりした人」です。しかし、まったく新しいことに取り組むのは得意ではないように思えます。

私が人事部長時代、新卒を20人採用するとしたら、両方できる人材のみを求めるのではなく、「リーダーシップ人材（ちょっと変な人）」を2割程度、残りを「マネジメント人材（ちゃんと仕事をしそうな人）」で採用しようとしていました。

どちらかだけを採用するのは、自社の企業ステージ（当時は成長後期にいながら、新規事業を生み出し続けるステージでした）では危険だと考えていました。

k 人材ポートフォリオ ——どんな人材を求めるか

次ページに「人材ポートフォリオ」を掲載します。

「人材ポートフォリオ」は、求める人材像を考えるにあたって、とても重要なフレームです。キャリアプラン、ライフプランをこのフレームで考察することができ、社員が「どのように働くのか」「何を目指していくのか」「働くことをどのようにとらえるのか」などについて、わかりやすく整理することができます。

それぞれの要素について、くわしく説明しましょう。

求める人材像　人材ポートフォリオ

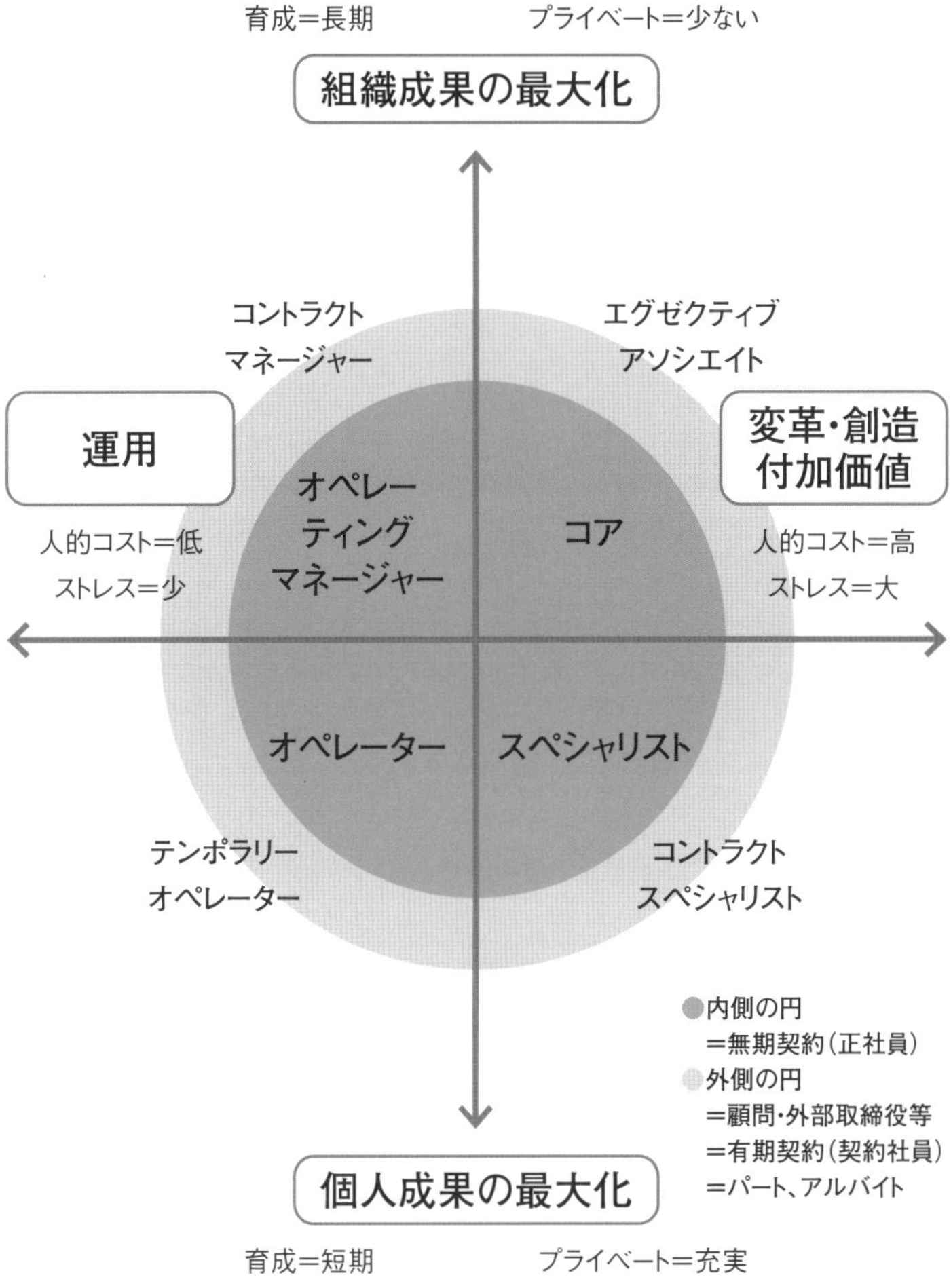

「リクルートWorks」42号を元に著者が加筆

●コア

組織を通じて変革と価値創造を行なう人材。企業や事業の方向性を打ち出し、新たな価値を創造しようとし、それを実現させます。経営層及びその候補とも言えます。コア人材の育成には、多岐に渡る経験が必要であり、ゼネラリスト的にいろいろな事業や部署を経験させながら、マネジメントとリーダーシップの双方を育成していく必要があります。長期的な育成視点が必要です。

●スペシャリスト

個人として、変革と価値創造を行ないます。社内で育てる場合は、職種間異動を想定せず、1つの専門分野で経験を積んでもらうほうが効率的です。「ジョブ型」に合う育成方式となります。

ただしスペシャリストをすべて正社員として育てるかは要検討です。社内育成だけでなく、外部活用（弁護士や会計士や、ＩＴエンジニアのフリーランスなど）も多く見られます。

●オペレーティングマネージャー

組織を運用・管理する人材。店長・職長などです。かつての一般的な日本の

人材ポートフォリオとライフスタイル

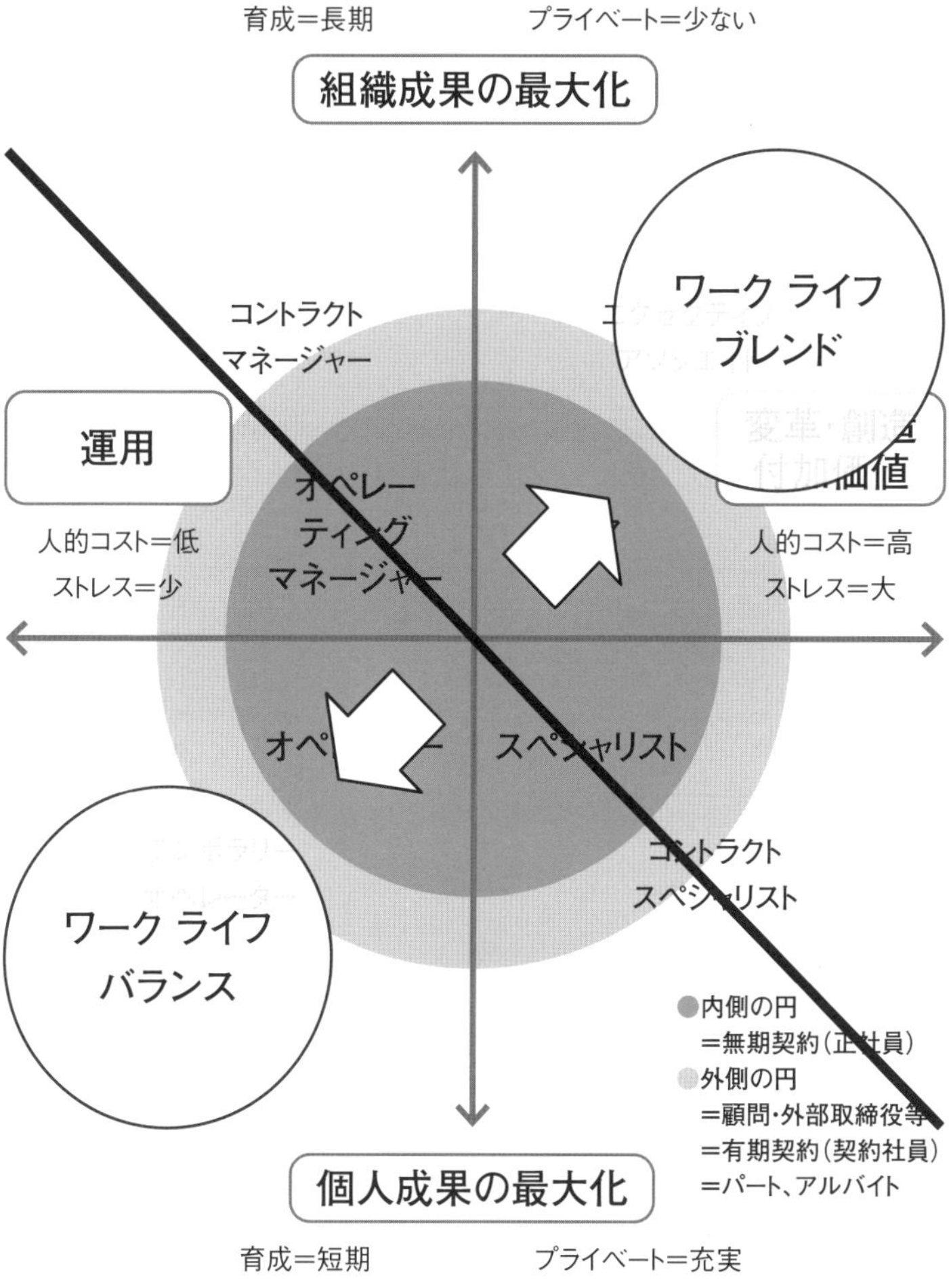
育成＝長期
プライベート＝少ない
組織成果の最大化
ワーク ライフ ブレンド
コントラクト マネージャー
運用
変革・創造
付加価値
オペレーティング マネージャー
人的コスト＝低
ストレス＝少
人的コスト＝高
ストレス＝大
スペシャリスト
コントラクト スペシャリスト
ワーク ライフ バランス
内側の円
＝無期契約（正社員）
外側の円
＝顧問・外部取締役等
＝有期契約（契約社員）
＝パート、アルバイト
個人成果の最大化
育成＝短期
プライベート＝充実

サラリーマンの管理職ともいえます。

●オペレーター

定型的な業務を運用する人材。正社員とは限らず、アルバイトなどを活用する場合も多いでしょう。マニュアルなどの手順があり、想定された結果を出すことを求められます。

このポートフォリオは、ライフスタイルにも関連します。

前ページの図は、157ページの「人材ポートフォリオ」に斜め線を引いたものです。ポートフォリオの右上に行くにしたがい、「新たな価値を出し続ける」ことが求められ、仮にプライベートがあったとしても仕事のことをつねに考えているような、**「ワークライフブレンド」型のライフスタイルが必要**となります。

コア人材は、つねに情報を収集し、分析して、新たなことを企画し、人を巻き込みながら実現していくために、仕事中心の生き方でなければ生き残れません。

答えが見えないわけですから、その仕事にキリはありません。厳しい生き方かもしれませんが、結果を出し続けることができれば高収入です。

スペシャリストも、価値を出し続けるには、新たなスペシャリティを身につけ続けなければなりません。答えが見えていない仕事も多く、ライフスタイルは仕事中心となります。ただ、組織に縛られないフリーランスなどなら、一定のワークライフバランスが取れるかもしれません。そのスペシャリティが陳腐化しなければ、ですが。スペシャリティが発揮できており、希少性が高ければ高収入が期待できます。

オペレーティングマネージャーは、オペレーターが休んで仕事に穴があくような場合は自らオペレーションしなければならず、プライベートはある程度犠牲になります。

しかし、すべきことが決まっているため、仕事には一定の「終わり」があり、ワークライフバランスをある程度大切にはできます。給与水準はオペレーターよりは高くなります。

また、オペレーターは、やるべきことが決まっており、誰もが同じ結果を出すことを求められますので、代わりの人がいれば（シフトを代わってもらうなど）、プライベートを優先できます。ただし、給与水準は高くありません。

自社はどのような人材を求めているのでしょうか。どのような人材に育ってほしいと考えるのでしょうか。

すべてコアを目指すことを求める企業もあれば、ほとんどがオペレーターという企業もあるでしょう。またスペシャリスト集団という企業もあります。

また、すべての象限を正社員とするのではなく、たとえばコアとオペレーションマネージャーを正社員、スペシャリストは外部委託、オペレーターはアルバイトやパート、あるいはアウトソーシングにするなども考えられます。

これは「人に対する考え方」を考察する大変重要なポイントです。どの契約形態、どの雇用形態の人にどのような機能を担ってもらうのか、必ずしも正社員である必要はないわけです。自社の正社員には何を求めるのか、また、新卒採用をするとすれば、どこを目指してもらうのか、など、検討すべきことが多くあります。

私がベンチャーで新卒採用をしていたころは、「新卒採用はコア人材候補、中途採用はマネージャーかスペシャリストを想定」としていました。オペレーターはその他の象限の育成期間か、またはアルバイトや派遣スタッフを想定していました。

したがって新卒採用広報においては、「ハードワークをしたい、できる、コアを目指したいという人材」を求めるということを伝え、それに答えてくれた人に入社してもらいました。コア人材を求めるのならば、採用ホームページに「18時に帰社してスポーツクラブ」

労働力のポートフォリオ

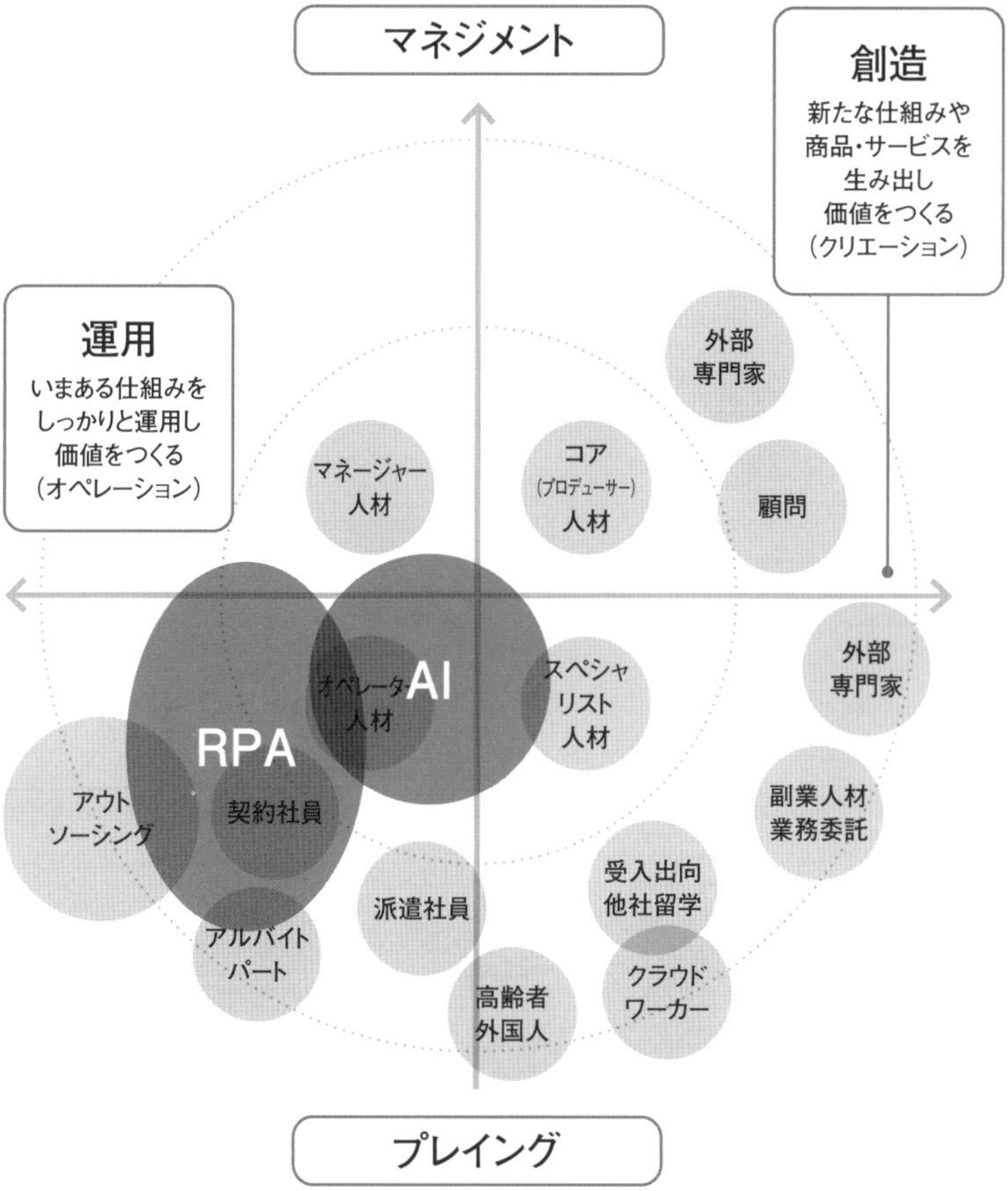

というメッセージは逆効果です。然るべく経験を積まなければコアにはなれません。

ある会社の社長はコア人材を求めていましたが、新卒採用ページには、「こんなに休める会社だとは思いませんでした」といった座談会が載っていました。これは求める人材像と採用メッセージが異なる例です。

もちろん、社長は驚いていました。また、それを見た当社でアルバイトをしていた学生が「いい会社ですよね」と言うので、私は「君は〝休むため〟に就職するのか？」と言ってしまいました。

どのような人材に来てほしいか、残ってほしいかによって、採用広報におけるメッセージは大きく異なるはずです。

ワークライフバランスをアピールしてのコア人材採用は難しいでしょう。コア人材には「ハードワークだが経営を担うチャンスがある」、スペシャリストならば「たいへんな仕事だけど専門的知識・技術を身につけられる」といったメッセージを発することが必要です。

Ⅰ ゼネラリスト／エキスパート ――長期的観点から育成する

前項と関連して、いろいろな分野の知識や経験を持つ人材の育成を重視するか、専門的人材の育成を重視するかといったことを検証しましょう。

前者ならばジョブローテーションを重視します。いわゆる「メンバーシップ型」です。後者ならば「ジョブ型」がなじみ、専門職制度を用意してもよいでしょう。

ゼネラリスト育成においては、あるところで汎用的なビジネススキルとなる「マネジメントの教育」は必須です。組織の目標を確実に達成する「タスクマネジメント（目標設定・計画立案・進捗管理等）」と、人材を育てる「ヒューマンマネジメント（コミュニケーション力、人材育成力等）」は、ゼネラリストの本質的な力となります。

エキスパート育成においては、専門性の研鑽を重ねさせるため、人事異動は限られます。ただし、実は優秀なエキスパートは、マネジネント力も優れているものです。

また、専門性の陳腐化は要注意です。専門性を高めていったら、時代が変わって必要のない専門性になってしまった、といったこともあります。企業の変革期にもあり得ます。

また、その専門性は自社のみに限定される、といった場合は事業変革の際に悲劇を生むこともあります。「スペシャリティ」とはよくよく先を考えなければならないものなのです。

自社がどのような人材を育てていくのか、そのための人事制度や配置はどのように考えるか、については長期的観点から（人はすぐには育ちません）大いに議論いただきたい人事の根幹です。

ジョブ型が「これからの人事の仕組み」のように語られている（ように見える）昨今ですが、ここの議論なしに、「ジョブディスクリプションづくり」に励んでいるようなら危険です。人事の失敗は、このようなところをしっかり検証しないで「やり方」を導入してしまって起こるものなのです。

人材への考え方〈ゼネラリスト／エキスパート〉

ゼネラリスト

- 多様な経験
- 高い視座・広い視野
- 経営視点
- 高度な判断力
- 社内ネットワーク
- ローテーション人事

- メンバーシップ型
- コア志向
- マネジメント教育
  (タスクマネジメント・ヒューマンマネジメント)
- リーダーシップ教育（戦略）
- 事業家ネットワーク構築

エキスパート

- 専門性の追求
- 深い知識・知見
- 専門視点
- 専門的判断力
- 社外ネットワーク
- 人事異動制限

- ジョブ型
- スペシャリスト志向
- 専門性教育
- プロジェクトマネジメント教育
- 社外ネットワーク構築

m 資本・資源――人材への考え方

人材ポートフォリオを検証していく際に、**「そもそも人を資本と見るか、資源と見るか」ということも確認いただきたいところです。**

資本は投下し（無駄になることもありますが）、リターンを期待するものです。人的資本と考える場合、人は育成し、将来的な価値の創出を期待する存在である、とします。

一方資源は、言い方はよくないかもしれませんが、「使い果たすもの」ともいえます。決められた仕事をしっかりこなしてもらえればよい、という考え方です。

資本と見るほうがよさそうですが、全

人材への考え方〈資本／資源〉

資本	資源
投資し、将来の価値創出を期待するもの	コスト。できるだけ安価に使うもの。
<代替しがたいもの>	<代替できるもの>
●正社員（無期雇用） ●昇格昇給 ●定期昇給 ●退職金制度（確定拠出年金） ●教育体系	●有期雇用、パート・アルバイト ●アウトソース ●代謝制度 ●業務の仕組化、マニュアル化

従業員（あらゆる雇用形態）を資本と見なすかについては議論が必要です。ドライに正社員は資本、アルバイトは資源という考え方もあるでしょう。しかし、ある飲食業の会社では「お店のパートさんこそ大切にしなければいけない資本」としています。

また、「正社員にもエンジンとタイヤの種別がある」という経営者もいらっしゃいました。厳しいようですが、「替えがききにくい存在である人たちと、代わりが容易に見つかる存在である人たちがいる」という意味です。たとえばこの場合、総合職と一般職や技能職といった職群を分けて考えるという方向性も見出せます。

資本ならば、「（価値を出してくれるのなら）年収水準は高くてもよい」と考えるかもしれませんし、資源ならば「できるだけ安く雇いたい」と考えるかもしれません。

n 副業 ——副業を認めるか

副業（複業、兼業ともいいます）については、政府もこれを推進しようとしているようです。

昨今、副業制度を導入している企業も増えていて、また「副業を認めてくれない企業には入らない」という優秀層がいるとも聞きます。

これは、社員の働き方をどう考えるか、社員のキャリアプランをどう考えるか、というテーマにつながります。

自社は副業を認めるか、認めないのか、それはなぜか、これも人事ポリシーの1つです。

働き方は多彩になっています。正社員で就職して定年まで勤めあげる、というのはいまの時代では特殊な部類に入るのかもしれません。それまでの会社とつながりながら業務委託で働く人も増えています。

もはや「人を囲う」という時代ではないかもしれません。

社内だけはなく、社外で価値を発揮する生き方、働き方を志向させることも必要なことかもしれません。

社員に、「社員としては退職として、同じ会社の業務委託として働くことを認める」という会社も出ています。もちろん他社と契約することを妨げないそうです。そういう「人との関係」を考えてもよい時期かもしれません。

副業についての考え方

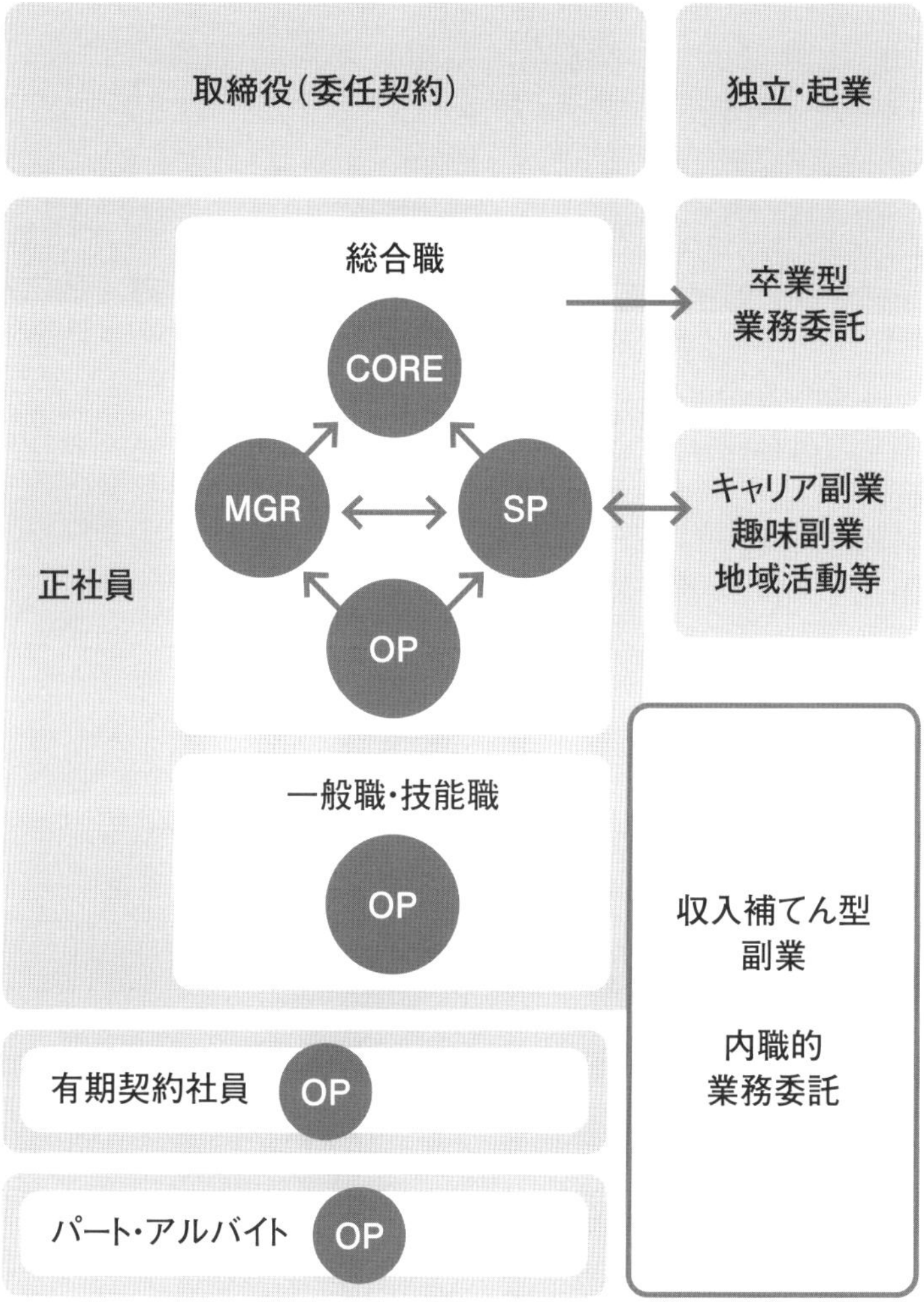
取締役(委任契約)
独立・起業
正社員
総合職
CORE
MGR
SP
OP
卒業型
業務委託
キャリア副業
趣味副業
地域活動等
一般職・技能職
OP
収入補てん型
副業
内職的
業務委託
有期契約社員
OP
パート・アルバイト
OP

○ 採用の方向性 ――新卒か中途か

これまでを踏まえて、人材採用は、新卒採用主体としますか、中途採用主体としますか。

企業が一定の成長ステージに来ると新卒採用を実施し始めます。

しかし新卒採用は、その後の育成ステップが明確でなければ失敗します。人事制度の等級制度や教育体系です。それらが整備されているかを検証の上、判断いただきたいところです。

また、そもそもなぜ新卒採用をするのでしょうか。「手間もかかり、昨今は勤続も疑わしい（3年で3割辞めるのはあたりまえです）新卒採用をなぜするのか」

採用の方向性

新卒重視	中途重視
長期育成? ゼネラリスト?	即戦力? スペシャリスト?

なぜ新卒採用なのか

について は、しっかり議論して、考えをまとめてください。

新卒採用の目的は、たとえば私は次のように考えました。

「企業のコア人材に育てるために、複数の部署や地域を経験し、広い視野と高い視点を持たせるための中長期的な育成期間を持つことができる、ポテンシャルが高く、一方で給与水準が最も低い層は新卒だ」といったものでした。数年以上の育成期間に、高い給料は払えません。

p 協調性／主体性――どちらを重視するか

個人で実績をあげることを重視するか、チームワークを重視するか、についてです。

個人プレイ重視ならば、個人インセンティブ・賞与などの比率を高めることになるでしょう。1人ひとりの業績が明らかになりやすい仕事ならばこちらを重視すべきだと思います。

チームで役割を分担して実績をあげることを重視するならば、チームインセンティブ、部門評価などの施策の重要度が増すでしょう。

これにより、採用すべき人材も、一匹狼型か、協調型か変わってきます。

この2つの型を、1人の人材に求めることは、そう簡単ではありません。

もう少しくわしく見てみましょう。次のページの図は、パーソナリティ（その時点での性格的特徴）を4つのタイプに分類したものです。

「1人でいたいか」「みんなといたいか」を横軸に、「安心安全を重視するか」「リスクを伴っても冒険し影響範囲を広げることを重視するか」を縦軸にして、4象

協調性か主体性か

チームプレイ

- 協調性を重視する
- チームに対しての献身を求める
- チームワークで成果を出す

- マニュアル
- 協調性重視採用
- チームワーク教育
- チームインセンティブ
- サンクスカード
- 部門別親睦厚生費

個人プレイ

- 主体性を重視する
- 自ら考えて動くことを求める
- 個の力で成果を出す

- 裁量
- 目標管理（目標と自己統制による管理）
- 成果重視
- 成果による処遇格差
- 主体性重視採用
- 成果インセンティブ

協調性か主体性か

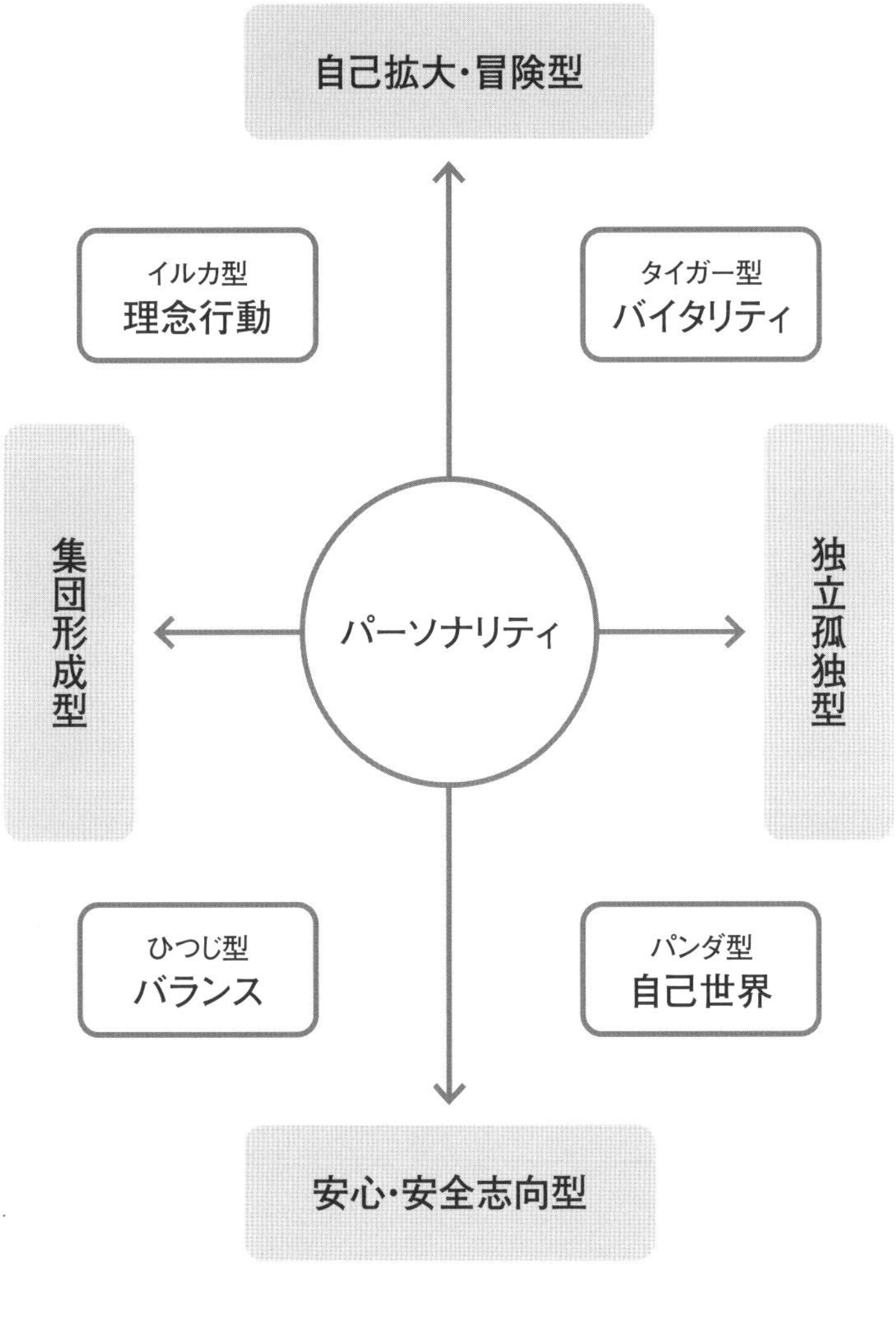
自己拡大・冒険型
イルカ型
理念行動
タイガー型
バイタリティ
集団形成型
パーソナリティ
独立孤独型
ひつじ型
バランス
パンダ型
自己世界
安心・安全志向型

限でタイプ分けしています。スタイルの違いともいえます。どれがよいというものではありません。

ただし、それぞれに「合う仕事」と「合わない仕事」があることはおわかりになるはずです。

タイガー型であれば、1人でどんどん外に営業に行って実績をあげてくるような仕事が向くでしょう。

パンダ型であれば、コツコツと何かを1人でつくり上げていくような仕事が向いているかもしれません。

ひつじ型は、みんなで一緒に協力して働き、献身的にチームに貢献してもらうような仕事がよいでしょう。

イルカ型は、理念（目的）に向かって、全員で攻めていくような仕事が向くかもしれません。疑り深い人には向かないかもしれません。

人は、環境や時とともに変わっていきますので、「一生パンダ」ということはありませんが、少なくとも、それぞれのタイプごとに、向いている仕事をしてもらったほうがパフォーマンスを発揮する可能性は高いといえます。

「協調性」を重視した採用選考を行なって入社した人に、「飛び込み営業」は厳しいでしょう。逆も然りです。「ひつじを採用して、その中からタイガーが出現することを待つ」という方法も考えられなくはありませんが、このタイプはいわゆる「いい人」なのでなかなかタイガーには変身しません（タイガーがいい人でないわけではないですが）。「タイガーを採用して、集団行動できるように飼いならす」ということも簡単ではないでしょう。

1つに絞る必要はありませんが、自社はどのような人材をどれだけ採用するのか、評価するのかを、あらかじめ想定しておくことは大切なことです。

9 組織形態と働き方 ――野球かサッカーか

あくまで「たとえ話」ととらえていただきたいのですが、「野球」と「サッカー」は求められる人材像が違います。

野球は、守備のポジションが決まっていて「あなたライトね、君はサードね」と守る範囲がおおよそ定められています。ライトがサードに転がったボールを取りにいくことはありません。攻撃でも打順が決まっていて、ベンチから「バント」というサインが出れば、それに従ってバントします。都度サインを確認しています。

一方、サッカーは一度フィールドに出てしまえば、ディフェンダーでもシュートすることがあります。相手チームに攻め込まれたら、フォワードでも自陣近くまで守りにいきます。ゆるやかにポジションは決まっていますが、「自分で考えて動いてね」ということだと思います。

これを組織に当てはめてみると、ピラミッド型〈△型〉は、指示命令型の組織です。WHY（なぜやるか）とWHAT（何をするか）はトップが決め、ミドルはHOW（どのようにやるか）を考え、それをメンバーに指示命令し、DOさせます。軍隊型組織ともいえるでしょう。

非常に効率的な組織です。指示命令が徹底できていれば、効率的な業務遂行もできるでしょう。

一方、逆ピラミッド型〈▽〉は、「WHAT、HOW、DO」を現場が考える組織です。顧客の要望がさまざまで、何を提供するか、どうやって提供するか、そしてその実行を現場のメンバーが考えます。コンサルティングファームや弁護士事務所などが近いでしょうか。

WHYのみ（これが理念ですね）トップに残り、ミドルは、現場が動きやすいように支援します。

組織形態と働き方

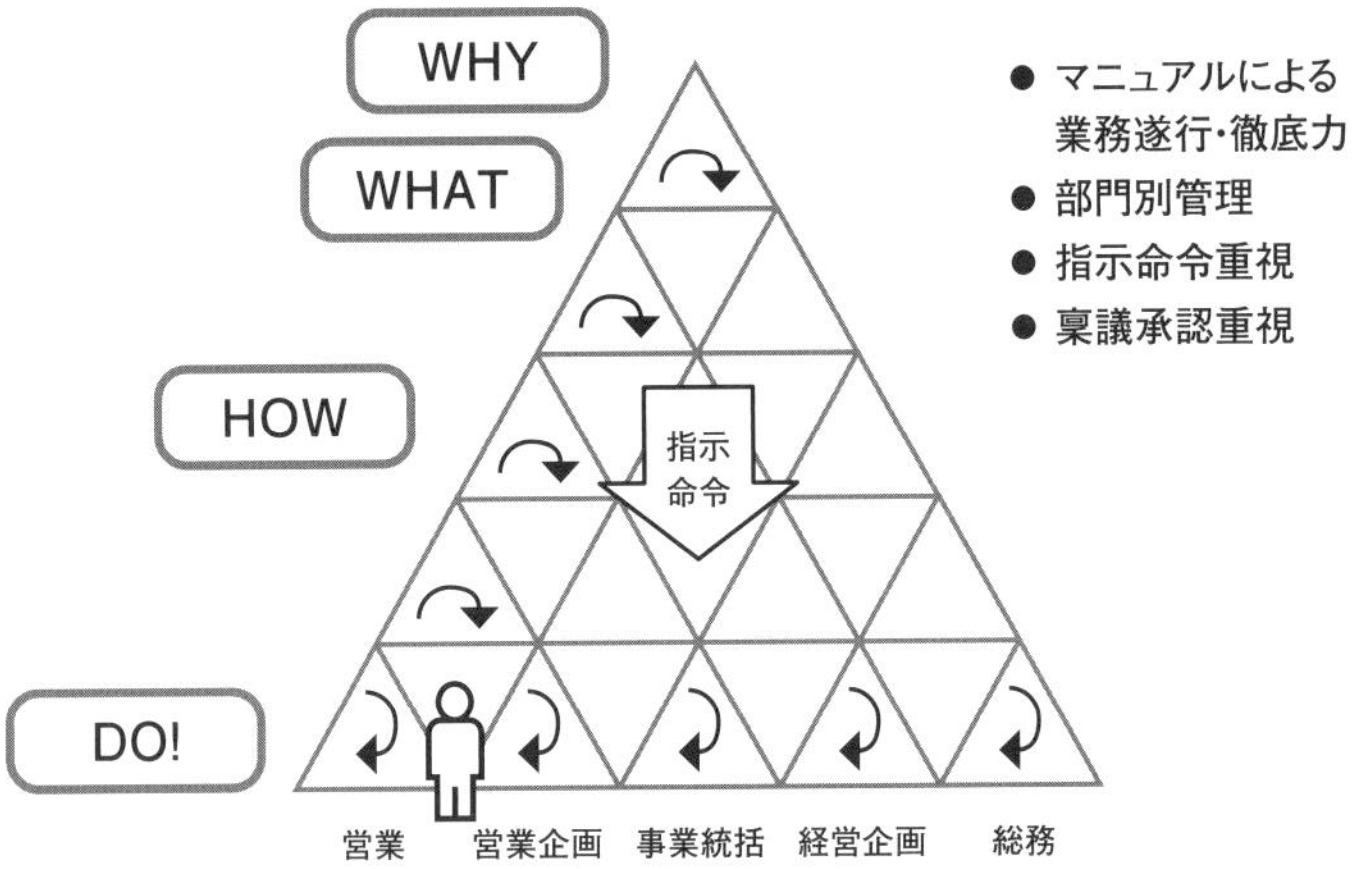
WHY
WHAT
HOW
DO!
指示
命令
営業
営業企画
事業統括
経営企画
総務
● マニュアルによる
業務遂行・徹底力
● 部門別管理
● 指示命令重視
● 稟議承認重視

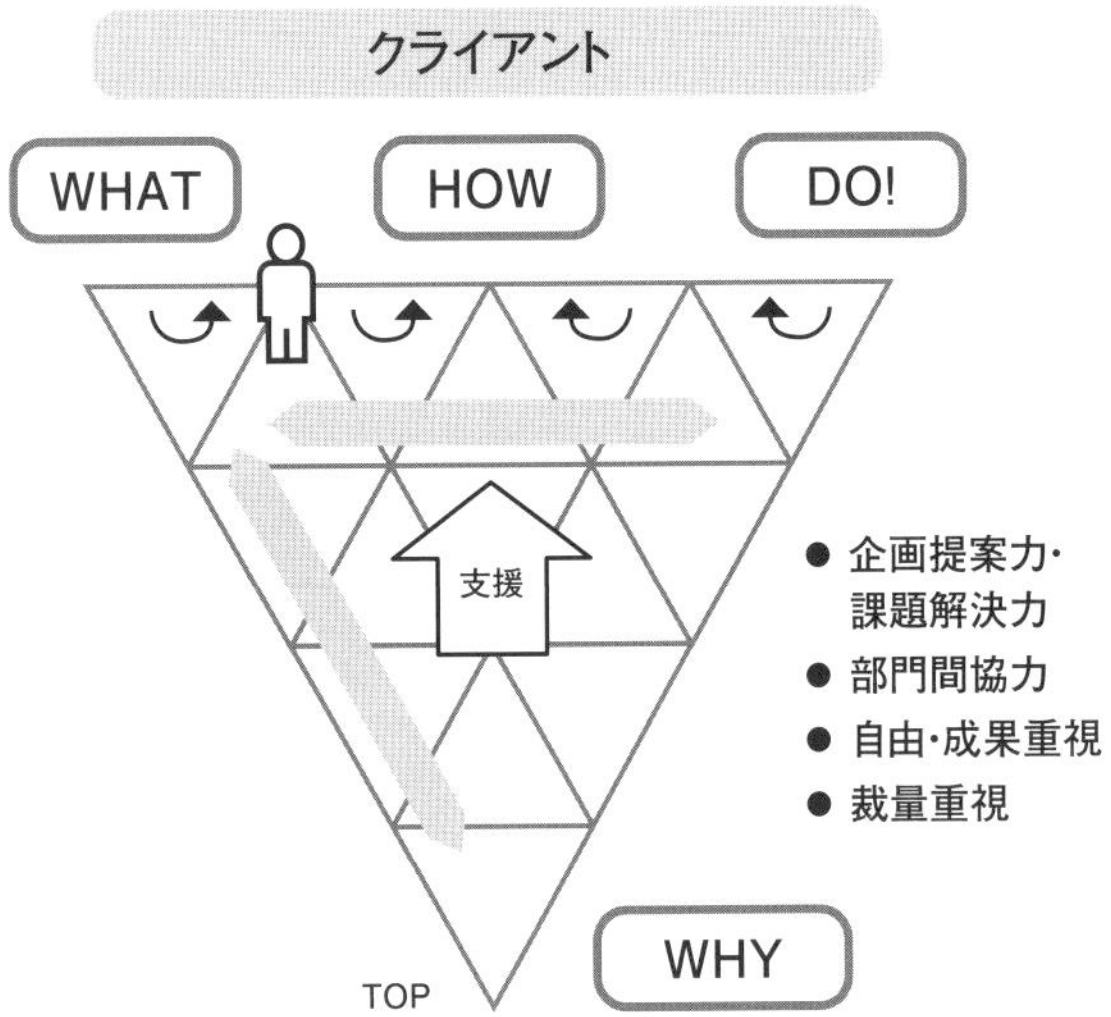
クライアント
WHAT
HOW
DO!
支援
TOP
WHY
● 企画提案力・
課題解決力
● 部門間協力
● 自由・成果重視
● 裁量重視

△の組織は、「言われたことをきっちりする」人が向くでしょう。「なんでそんなことするんですか?」とはあまり言わず、黙々と指示通りの仕事をする人が向きます。
▽の組織は、「自ら考えて動く」人が向きます。自ら考えて動く人に、△型の「指示通りに動け」というのは難しいように思います。逆に「指示されて動きたい」という人もいて、▽組織は向きません。
これらは業種や職種、部署により異なるかもしれません。自社がどのような組織で、どのような人材を求めるのか、整理しましょう。

r 心と能力――「心がきれい」か「能力が高い」か

人事担当者だったとき、社長から呼ばれて、こう言われました。

「おい、西尾、心がきれいで能力が高い人(次ページ図のA)は、うちみたいなベンチャーには来ない。で、お前は、心はきれいでも能力が低い人(B)と、心はきれいではないが能力が高い人(C)のどっちを採用するんだ?」というものです。

この答えは、経営者によって異なります。Bと答える方が多いですが、Cもいます。「能力は高まるが、心はきれいにならないのだ」とおっしゃる経営者もいれば、「心は俺がきれいにするから、能力が高い人を採れ」という経営者もいます（すごいなと思ったのは、「心がきれいな人は、能力を磨くもんだ」というお答えでした）。そのときにどうするか。ぜひ社内で議論してみてください。

その際に、「心がきれいとは、どのようなことか」や、「能力が高いとは、どのような能力のことを意味するのか」など、それぞれの定義も含め考えていくことにより、議論が広がり深まります。「心がきれい」も「能力が高い」も企業によってその定義が異なりますから。

実はこのようなプロセスが「その他求める人材像」を明確にしていくカギになるのです。自社が求める人材像と、避けなければならない人材像が見えてきます。

心と能力

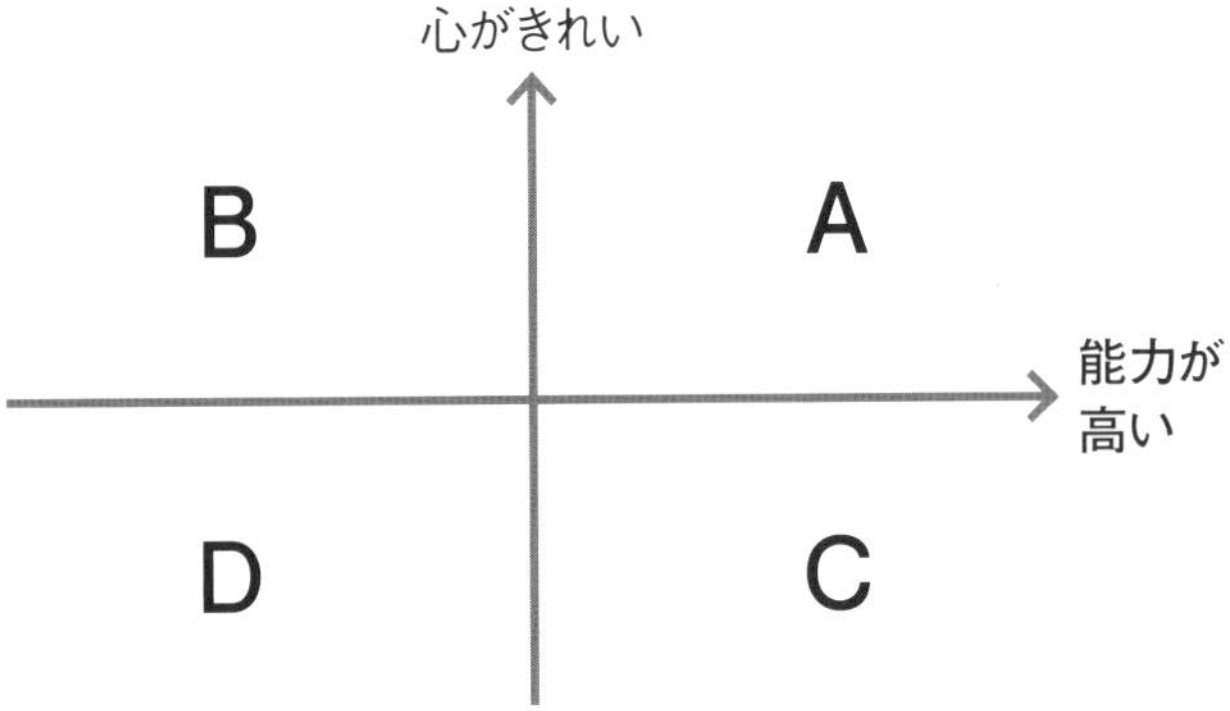

「心がきれい」とは?
「能力が高い」とは?

みなさんの会社はBとCのどちらでしょう?

S その他求める人材像 ——より具体的な「ほしい人」

以上、各種フレームで考えてきましたが、さらに経営者に対して、あるいは人事部門内で、定性的に「どんな人がほしいか」を確認しましょう。

いろいろな要素が出てくるでしょう。ただ、すべては両立しないことは想定しなければなりません。

前に触れましたが、「協調性があって、1人で考えて、独自の信念を貫き通し、結果を出す」という人材は、まずいないでしょう。

次の項目を考えていくことで、より具体的な「ほしい人」が見えてきます。

●評価

どんな人を評価するかを、定性的に確認するのもよいでしょう。

「がんばった人」という答えが多いのですが、「がんばった」とはどういうものかを、ぜひ突っ込んでいきましょう。結局業績を上げた人なのか、運が悪くて業績が上がらなかったがプロセスをがんばった人を評価したいのか、チームワークに優れている人を評価したいのか。また、評価したい内容は階層別に異なります。部長層は何を評価するか、課長層は、メンバー層は……。それぞれ確認するのもよいでしょう。これらは人事制度構築につながります。

●同一性／多様性

同一性を重視するか、いろいろなタイプがいる多様性を重視するか。これは企業のカラーに大きく影響を受けます。昨今は「多様性」がさまざまなところでよいように言われていますが、果たしてどこまでの多様性を取り入れていくのかも、企業によって違うでしょう。

多様性と言いながら、実は同一性を重視し、異端を排除したりする企業が現実にあります。また多様性を重視した結果、社員の価値観がバラバラであれば、マネジメントや教育の難易度が高まるでしょう。

多様性の条件としては、「理念に共感した多様性」ということを経営者からよく聞きます。理念への共感については多様性を認めないよ、目的意識は共通だよ、という意味かもしれません。

その他、バイト経験（バイトの種類によります。ある会社ではハイパフォーマーに「居酒屋バイト経験者」が多いということがわかりました。その会社は飲食業ではありません）、学生時代に取り組んだこと、体育会系がよいのかそうでないのか、なども確認してみましょう。

意外な話が出てくるかもしれません。ここでは書けないような求める人材像、求めない人材像をおっしゃる経営者もいます。しかしそのような価値観もとても大切です。「人事がうまくいかない理由」がそこにあるかもしれないからです。

このような問いかけを通じて、「自社の人に対する考えは、そういうことなのか」と紐解くことこそ大切なのです。

その他の求める人材像

経営が求める人材像を定性的に聞いてみる。

- どのような人を評価するか
- 同一性か多様性か
- 明るく、元気で、素直
- それまでの経験値
- 学生時代に取り組んでいたこと
- バイト経験

※相反することは、1 人の人材に求めることは難しい。
ex：計画性にすぐれ、アドリブができる人
　　こだわりがあり、柔軟性が高い人
　　周りに気遣いをし、自分で考えて動く人

04

人事ポリシーをまとめる

以上のようなフレームを確認したら、明文化しましょう。まずは表にまとめるのがよいでしょう。

186ページの表は抜粋版の事例です。

「行動と成果を評価する（その他は評価しない）」、「社員にはエンジンとタイヤがある」、「ゼネラリストを重視する」、「仕組みをつくって落とし込む」、「まずはチームプレイを重視する」、「マネジメントを重視する（確かに成長期でした）」、「Y理論ベースだが、すべてではない」、「2と6を引き上げる」、「心と能力については能力重視」、などがわかります。これだけでも、採用基準や人事施策を考えるにあたっては、かなりすっきりとします。

さまざまな場面で、必ずポリシーに立ち返って、ずれていないか、合っているのかを確認してください。

人事ポリシーは未来永劫それでなければならないということはありません。企業ステージごとに変わるかもしれません。それは都度確認しましょう。

とはいえ、私はいろいろな企業を見てきていますが、経営者が交代しない限り、人事ポリシーは意外と変化しないものだとも実感しています。

巻末に、人事ポリシーの整理例をつけています。「スタンダード型（最近私たちが人事制度をお手伝いする企業で多く見られる例です）」「ドラスチック型（ベンチャーや外資系に見られる例です）」「伝統企業型（歴史ある企業に見られるような例です）」としてあります。

フレーム選択の参考にしてみてください（いくつかの企業の事例から持ってきていますので、各型のフレームが必ずしも一貫してはいません。ご了承ください）。

人事ポリシーまとめ例

人事ポリシーのフレーム	優先すべき考え方	
生活／理念／仲間／ 自身の成長	理念⇒仲間⇒成長	目的は理念。仲間との成長
仕事型／組織型／ 職場型／生活型	仕事型⇒組織型	仕事型になれる人を求める。それから組織力を高める
X理論／Y理論	Y理論＋X理論	社員の価値観が異なる。Y型の人もいれば、 Xで管理すべき層もある
成果主義／ 行動主義／能力主義	①行動主義 ②成果主義	仕組みをつくってPDCAを1人ひとりが回す
職務主義（ジョブ型）／ 年齢／勤続年功／ 生活保障主義	一切想定しない	
時価払い／後払い	当然時価払い	いまの価値に対していま払う
投資／精算	基本給は投資・賞与は精算	基本給は積上・積下、賞与は洗い替え 賞与0もあり得る
昇降給概念	投資価値	投資価値が下がれば下がる
賞与の根拠は何か	成果	成果が出なければ支給しない
手当は何のために 支払っているのか	属人的手当はなし	時間外、通勤以外は基本なし
2：6：2の重視する層 （底上げ／格差）	2：6を引き上げる	2：6を引き上げ 新たな2：6：2をつくるサイクル
長期雇用／新陳代謝	長く働いてもらう ことが前提	中期育成を重視。長くとは10年
目指すべき年収水準	高い報酬水準	高い報酬水準を目指す
新規領域（創業期）／ 急成長期／ 安定成長期／変革期	メイン事業⇒他事業	メインのレベルは高い。安定成長期。 メインができれば他もできる。 新規事業を生み出す
リーダーシップ／ マネジメント	マネジメント重視	トップ層のリーダーシップと、 仕組み構築のマネジメント
コア／スペシャリスト／ マネージャー／ オペレーター	役割分担	コアと、そこに至るためのマネージャー カメラマン・Webデザイナーなどのスペシャリスト及び運用オペレーター 階層構造上、一定階層以上はコア、スペシャリスト・オペレーターは一定階層以下
ワークライフバランス／ ワークライフブレンド	コア・スペシャリストはブレンド	コア／スペシャリストはブレンド その他は本人志向による
雇用形態それぞれの 定義	正社員とアルバイト	正社員はコア／スペシャリストを目指す。 その他はアルバイト

人事ポリシーのフレーム	優先すべき考え方	
業務委託／ AI・RPAの活用	今後活用	
ゼネラリスト／ エキスパート	ゼネラリスト重視	ただし、これはCPU、コミュニケーション、スピード、戦略構築力、緻密さ、拡大・変革志向が必要。ふつうの人ではない
メンバーシップ型／ ジョブ型	メンバーシップ型	基本はメンバーシップ。 一部スペシャリストはジョブ型的
人的資本／人的資源	エンジンとタイヤ	すべてが同じ人ではない。エンジンになる人、タイヤを担う人がいる。 これらは階層として構成する
副業を認めるか	認める	申請と承認が必要。 他社との雇用契約は禁止
新卒／中途	両方	入口はどこからでも
チームプレイ／ 個人プレイ	チームプレイを重視	制作と売る側の連携が大切 個人プレイにおいては、 スピード（能率）を重視
△／▽	△仕組みをつくって落とし込む	仕組みにおいて効率的・効果的に 運用展開する
心／能力	能力重視 最低限の心 CPU	ベースは協調性・責任感・向上意欲・新規事業への関心・ホスピタリティ 十分条件として、CPU（戦略的思考・ビジネスチャンスへの関心・緻密品質志向）→ ホスピタリティを仕組みとして構築する人
その他求める人材像	コミュニケーション・ スピード	全体像を俯瞰しながら、ピンポイントについて緻密さを持つ。 拡大志向・変革志向

人事ポリシーの活用

Chapter 5

01

人事ポリシーを具体的に使っていく

人事ポリシーを明確にしたら、ぜひ確認していただきたいことがあります。**「一貫性」の検証**です。

人事において、「一貫性」は極めて重要です。人によって極端に対応を変えてしまったり（変えるなら変えるなりのポリシーがしっかりあれば別ですが）、場当たり的な対応をしてあとで不整合を起こしたりすることが、最も社員から信頼を失う行為です。

- **チームプレイを重視している企業が、高額な個人インセンティブをつけている**
- **「人を育てる」という理念があるのに、人材育成の制度がない**
- **理念教育を重視している企業が、理念に反する人物を昇進させている**

このような矛盾があると信頼を失います。場合によっては大量の離職につながることもあります。

もちろん企業は変わり続けるものです。時代の変化、技術の変化、マーケットの変化、企業ステージの変化などによって事業戦略が変化し、人事ポリシーも人事的施策も変える必要が出てくる場合もあります。

そうしたときに、「これまで」と「これから」がどう変わったのかをしっかりと認識し、「変わった」ことをきちんと伝えないと社員は混乱し、企業への信頼を失います。

そうした事態を避けるためにも、人事ポリシーを明文化し、企業の方針を確認するチェックリストとして機能させていきましょう。

本章は、人事ポリシーを活用した具体的な施策について考えます。

02

人事ポリシーを明文化する

まずは、人事ポリシーを明文化していきましょう。

ただ、ここで留意したいのは、明文化するからといって、「すべてを社員や応募者に伝えるとは限らない」ということです。

代謝概念などは、センシティブな内容も含みますので、経営陣と人事、あるいは重要な経営幹部などに限定して共有する場合もあるでしょう。

どこまで社員全員に伝えるかについては、慎重に検討してください。

次は社員にも伝える明文化の事例です。

- 正社員は原則「総合職」であり、コアを目指す人材である
- 一部、専門性を要する職種については、スペシャリストとして成長していくことを想定する

- 「コア」には「コア」の働き方を求め、変革と価値創造を求める
- スペシャリストについてはその専門性をつねにブラッシュアップすることを求める
- 「コア」については計画的な配置転換を行ない、高い視点と広い視野を身につけさせる
- 「スペシャリスト」については人事異動を、その専門領域に限定する。
- 全員について10年を超える長期雇用は想定しない
- 勤続は目的ではなく、結果である
- 5年でマネージャー職に任用できるレベルになることを求める
  会社はそれを支援するための機会を提供する。

●10年以内に、「他社に行けるビジネスパーソン」としての実力をつける
会社はそれを支援するための機会を提供する。
これは退職を奨励するものではない。

●社員を資源ではなく「資本」と考える

●社員は仕事をすることが好きである、という前提に立つ
社員は会社の目的に役立つためなら、自ら考え行動するものであり、組織的な課題に対して、想像力・工夫力・創造力を働かせて、自ら行動をする存在である。

●社員は、仕事そのものにモチベーションを感じる存在であると考える

●主体性を重視し、さらにチームプレイを求める

●「成果」と、そこに至る「プロセス（行動）」を評価する
勤続・年齢・生活関連については鑑みない。

そこにかけていた原資を今後は社員全員の評価に基づく基本給増額にあてる。

●「成果評価」は会社業績、部門業績とあわせ、「賞与」に反映する

●「プロセス（行動）評価」は、キャリアステップごとの社員のビジネスパーソンとしての「投資価値」を評価し、「基本給」に反映する

その際、等級ごとに成果評価を一定の割合で反映する。

●投資価値のランクを等級制度に反映する

等級制度はキャリアステップごとにどのような行動を求めるかを明示する。

●「等級制度」は、社員のビジネスパーソンとしての「社外価値」を高める体系とする

●昇降格（等級の上昇・下降）は、投資価値の増減によって判定する

●「基本給」は積上・積下方式とし、投資価値が下がれば、降給する

●「賞与」は洗い替え方式として、前年度実績は考慮しない
●給与・賞与は「時価払い」とする。年功的運用は一切行なわない
●「評価制度」「給与制度」のキーワードは、「公正」とする
●「福利厚生制度」のキーワードは、「公平」とする
「社員が、仕事をするための環境を整える施策群」とする。
社員全員が、公平に利用できる施策でなければならない。

以上は、Chapter 4で議論した内容の一部の例です。社員への公開を想定しています（正社員を想定した内容です。その他の雇用形態の人たちについても、別途明文化したほうがよいでしょう）。とはいえ、これだけでも人事の軸をしっかりと示すことができます。

人事部内で人事方針をまとめる

また、経営と人事部門内においては、人事方針として次の事柄をまとめておきましょう。

- ●雇用形態に関する方針（正社員、有期契約社員、アルバイト、定年後再雇用などの雇用形態の定義等）
- ●採用に関する方針（新卒・中途・有期雇用それぞれの方針）
- ●キャリアステップに関する方針（総合職、専門職、一般職等に関する方針）
- ●給与等の処遇に関する方針（基本給・手当に関する方針、賞与やインセンティブに関する方針）
- ●年収水準に関する方針（ターゲットとする年収水準に関する方針）
- ●評価に関する方針（何を評価し、どのように給与・賞与に反映するかの方針）
- ●人事管理に関する方針（人事関連規程とその遵守、また管理職の役割等についての方針）
- ●人材教育方針（教育体系など、社員教育に関する方針）
- ●その他抜擢、褒賞に関する方針

どのような考え方で、人事施策を展開していくのかのよりどころになっていきます。

03

人事ポリシーを語る、話し合う、浸透させる

経営者が繰り返し語ることで浸透する

人事ポリシーを明確にしたら、次に大切なのは「社員に伝える」ことです。

「強い企業」は社員の働く目的がしっかりと理念の方向に向けられています。

経営者や管理職、もちろん人事担当者のみなさんが自ら「働く目的」や「売上をあげる意味」などについて語ってください。

1度や2度、語るだけでは浸透しません。繰り返し語られることによってすべての社員に浸透し、同じ方向に向かっていくことができます（場合によってはベクトルが合わないことが明らかになって、辞めていく人が出てくることもあります。私は自分がいた会社も含めて何回も見ています。いろいろな人がいるので一概にはいえませんが、軸がわかったことで意外に幸せで、おだやかなお別れになったケースも多々あります）。

ある会社では、社長が毎週、雇用形態に関係なく、すべてのメンバーに同報メールを送って、近況を語りながら自身の考え方を伝えています。

店舗経営をしている企業などでは、アルバイトやパートなどのスタッフが非常に大きな役割を担っています。「社長や経営陣は正社員だけでなく私たちのこともちゃんと気にかけてくれているんだ」という喜びは、日々の仕事にも確実に反映されます。この会社は、すべての社員に人事ポリシーを伝えることで大きく発展しています。

社員同士でも語り合う

経営者が語るだけではなく、機会を設けて社員同士で語ることも有効です。

たとえば「仕事をする上で大事なことはなんですか」というテーマを出してグループディスカッションをしてもらうと、さまざまな意見が出てきます。

想像力、スピード、忍耐、反省、やり抜く、嘘をつかない、やわらかさ、誠実、やりたい仕事をつくる……。

社員同士で話し合っていくと、「どんな行動をすればいいか」「何を大事にしたらいいのか」といった具体的なアイデアが出てきます。

また、ディスカッションで理念について語り合うのも効果があります。「私たちが顧客に提供しているものってなんだろう」「社会にどのように貢献しているんだろう」といった議論は、企業のベクトルを社員に浸透させるのに有効です。

これらが理念に沿っているのであれば企業の「行動指針」に取り入れてさらに明文化し、社内に浸透させていってもよいでしょう。

行動指針を「日めくりカレンダー」にしている会社、コピーライターさんに頼んで本格的な冊子にしている会社など、各社さまざまな工夫をして、理念や人事ポリシーを浸透させています。

しかし、人事ポリシーは民主的なものではない

社員の意見を聞くことは大切です。

大切ですが、それに振り回されてはなりません。

「人事ポリシー」「人事の軸」は経営者の想い、考え方です。

社員の意見を聞いてブレては困ります。ましてや多数決で決めるものでもありません。**社長や役員、人事が、「こう考えているよ」と信念を持って示すものです。そこに責任が生じる**のです。

ですから、社員とのコミュニケーションにおいても、企業の考えを伝える、繰り返し浸透させる、腹に落としてもらう、というところを主眼として展開していくことが大切です。社員の意見があれば、それは受け止め、理解を示しながらも、「会社はこう考える」ということを粘り強く伝え続けることです。

04

「求める人材像」を明確にして採用基準に反映する

求める人材像を発信する

人事ポリシーを明確にすれば、そこから「求める人材像」が見えてきます。

求める人材像は、既存の社員だけではなく、採用場面で伝えていくことが大切です。自社サイトの採用ページ、求人サイト、企業説明会や面接場面など、「当社はこういう人に来てもらいたい」ということをしっかりと示すのです。

求める人材像が明示されていない各社の採用サイトを多く見ます。「これではわからないな」というものもあります。

「当社は成長性があります。ビジネスはこういうことをやっており、社会に貢献しています。求める人材像は明るく元気で素直な人です。1日の時間割はこうなっています。残業はあまりありません。お休みもたくさん取れます。社内にサークル活動があります。年に

1回社員旅行もあり、会員制福利厚生クラブにも加入しています……」

求める人は「明るく元気で素直な人」ですが、その他にも、「仕事は楽ですよ、休めますよ、遊べますよ」というメッセージにも読み取れます。

本当に求める人材像に来てもらえるようには思えません。

次ページに人事ポリシーに基づく求める人材像/採用基準の例を示します。

これは、私が実際に活用していたものに近いものです。もちろん、ポリシーによって求める人材像は変わるはずですので、あくまで例示として確認してください。

次ページの表に例示する内容は採用担当者として持っているもので、このすべてを採用ページに公開するわけではありません（誤解も招きますので）。しかし、これから公開できるものを公開できる表現で示すことは大切です。

人事ポリシー策定による施策への反映（例）

	求める人材像／採用基準例	新卒/中途	必須
理念共感	理念に関して納得感のある質問をしてくること	共通	●
	理念について自分の言葉で語れること	共通	
就業観	Y 理論にあてはまる就業観を持っていること	共通	●
	「なんのために働くか」の問いに「価値を提供するため」という意識が含まれていること	共通	●
	得るものよりも与えるものに関心があること	共通	
	どのような価値を提供したいのか、という志向が明確であること	中途	
	仕事型モチベーションを持ち得る人材であること	共通	●
勤続意向	10 年程度の勤続を想定できること	新卒	●
	3 年から 5 年の間に得たい経験と、創出する成果イメージがあること	中途	●
キャリア志向	「最後の転職にしたい」と言わないこと	中途	
	コア志向であること。コアであるために必要な要素を理解し、覚悟があること	新卒	●
	スペシャリスト志向であること。自らの専門性をつねにブラッシュアップしていること	中途	●
	独立志向を持つこと	共通	
	就職活動の内容に納得感があること	新卒	
	キャリア上の自分の選択の理由を語れること	中途	●
	これまでの経験に一貫性が見られること	中途	●
パーソナリティ	これまでの失敗を振り返り、適切な反省があること	共通	●
	＜主体性＞自ら考えて行動した具体的な経験を語れること	共通	●
	＜協調性＞チームで仕事をした経験を有すること	共通	
	チームをリードした経験を有すること	共通	

	求める人材像／採用基準例	新卒／中途	必須
パーソナリティ	自らのアイデアを具現化して成果を出した経験があること	共通	●
	リーダーシップ型人材であること＜コア想定＞	新卒	
	マネジメント型人材であること＜マネージャー想定＞	共通	
	自分の長所・短所について客観的に分析できること	共通	●
	タイガー、またはイルカ型人材になり得ると判断できること	共通	●
ナレッジ	当該職種に関して2年以上の経験を持っていること	中途	
	質問に対して的確な答えをしてくること	共通	●
	当社の持つ知識を超える知識領域があること	中途	
	有効な質問をしてくること（特に与えることに関する質問をしてくること）	共通	●
スキル	当該職種に必要なスキルを持っていること	中途	
	基本的なPCスキルを持っていること	中途	●
	一定のマネジメントスキルを持っていること	中途	
エネルギー	一般より、がんばったという経験を語れること	共通	●
	困難を乗り切った経験を具体的に語れること（困難の程度が厳しいものだと判断できること）	共通	
	その他、エネルギーを感じられること	共通	
ライフプラン	プライベートの安定感を感じられること	共通	
	守るべきものを持っていること	中途	
	10年後のライフプランを語れること	中途	
ディフェンス	基本的なコミュニケーション能力を有していること	共通	●
	心＞能力であること、信頼感が持てること	共通	
	基本的なマナーを有していること	中途	●
	その他、リスクと想定されることがないこと	共通	

この表は新卒と中途及び両方に共通して求めるものを示しています。また、●は「必須項目」です。「これがなければどんなに優秀な人でも採用しない」というものです。

ただ、それも含めて、「すべてＯＫ」という人はなかなかいません。皆無かもしれません。

特に新卒は、就業観そのものを持ち得ていない場合も多いので、はじめから「ないからダメ」としてしまうと、誰も採用できなくなってしまいます。

説明会で伝える

「すべてＯＫ」な人はいない。では、どうするかといえば、説明会や面接の前段階で説明をすることになります。

私は新卒採用において次のような話をしていました。求める人材はコア人材を想定できる人です。


当社の企業ステージは成長期から安定成長期に入ろうとしているところです。

ただ、その安定期は長続きしないと想定しており、変革期が早く、10年以内にやってくると思います。新たな事業をつくっていかなければなりません。そのた

めに「コア人材」を求めています。組織を変革し、新たな価値を創造するとともに、既存事業、新規事業双方において、価値増大のためのプロジェクトを「ヒト・モノ・カネ・情報」などを組み合わせてマネジメントしながらひっぱっていく人です。

コア人材として活躍している人というのは、たとえば朝6時に起きて日経新聞と日経産業新聞を読み、世の中の状況を把握しており、出社してから自らが任された仕事をし、たとえ定時で退社したとしても、その後社外の人とのネットワークを広げるために会食をしたりして、ビジネスのネタを多く仕入れ、またビジネスパートナーの開拓をしています。その後は家に帰って経済ニュースをチェックし、ビジネス書を読み、寝て、また6時に起きて日経新聞を読むような人です。

休みの日にも、子どもと遊んでいても、ビジネスにつながるチャンスを虎視眈々と狙っています。

そういう生活をしなければ、会社の将来を担うコア人材にはなれません。

もちろんそのような生活の上で、価値を出し続ければ、高収入を得ることもできるでしょう。あなたはそのようなビジネス生活をしたいと思いますか。

かなりハードルの高い話です。

もちろん、ここで帰る人も多くいましたが、「やりたい」と言ってきた人も相当数いました。その中から入社してくれた人たちの多くは、その後20代後半からマネージャー職、部長職を担ってくれています。グループ会社の社長をやっている人もいます。

つまり、**「うちの会社が求めているのは君なんだ」とコアになり得る人に向けてメッセージを発する必要がある**のです。


また、実際そうだったのですが、当時の会社では、彼らが入社した後、コアになるための基礎的な経験を数年以上積むことができるビジネスステージにあると考え、そのように伝えました。入社して即、会社が傾いてしまったら価値ある経験は積めません。それは人事責任者として「大丈夫」と思っていました。

ただ、10年も20年も育成期間は持てませんので、新卒であれば、30歳までにはコア人材となってほしいと伝えていました。

コア人材は、部長や役員とは限りません。新規事業プロジェクトに入っているかもしれませんし、経営企画や人事などのヘッドクオーターにいるかもしれません。

私のクライアントでも社員数１５００人を超える大企業で、30歳過ぎから、本社の重要な企画ポジションに就いている方々がいます。

一方で、コア志向の人材には、「離職リスク」があります。「ここでは成長できない」と思えばすぐに辞めてしまいます。他社もほしい人材ですから、転職は容易です。

採用計画は、その離職率も想定しました。彼らが30歳になるころに、半分残ってくれれば御の字、と思っていました。実際にはそれよりもやや高い退職率でしたが、残って重要なポジションに就いている人、有名な会社に転職して活躍している人などがいます。

私自身の「人事ポリシー」の1つとしているのは、「どこにでも行ける人材が自分の会社にいる状態にすること」です（逆は困りますよね……「どこにも行けない人材が自社にいる……」）。

求める人材像を目指そうと本気で思ってくれる人を採用し、どんな企業でも通用する状態まで育てていくことで、「そこで成長できるのだから辞めない、辞める必要がない」という状態にすることです。

いまの時代は、以前の日本の企業のように社員の人生を丸抱えすることはできなくなりました。だからこそ、どんな企業、どんな業界でも通用する人材になる必要があり、そういう人材を育てることが、企業や経営者の責任でもあると考えています。

以上のような考えも含めて、応募者、また社員にも伝えていくことは、とても価値のあることです。

05

キャリアステップを明示する

キャリアステップと退職率

社員にも応募者にも伝えるべき大事なポイントはキャリアステップです。

退職率が高い企業の特徴の1つは、社員のキャリアステップが見えなくなっていることです。

私が在籍していた会社でも、人事制度を導入し運用する以前は、若い、特に優秀な人ほど、「先が見えない」といって辞めていきました。

せっかく求める人材像に近い人を採用しても、その後のキャリアステップが見えていなければ離職してしまいます。入社後のキャリアステップ＝「ある職位や職務に就くために必要な業務経験とその順序」を具体的に示すことが必要です。

私が新卒に伝えていたキャリアステップは次のようなものでした。

●入社して3年程度、現場（店舗）または営業を中心として実務を経験する（現場のオペレーションや商品、顧客を知る）。
●チーフとして、プロジェクトのマネジメントを2～3年経験する。
●30歳までにコア人材となり事業をつくる。あるいは既存事業のマネージャーとなる。

「入社して数年程度は、営業などで現場経験を複数部署経験し、その後本人の希望も聞き、マネジメントかスペシャリストか、どちらかの方向に進んでもらいます。それを4年から6年経験したところでコアになるという大きな壁を超えてください」

私はいつもそう伝えていました。

要は30歳でコアになるために、少なくともそれまでは経験を積むために一生懸命働いてください、ということです。つまり、20代に複数部署で「一生懸命働く」ということが、他社でも通用する汎用的なビジネススキルの獲得につながります。

ビジネスにおけるコミュニケーションスキルや、提案・プレゼンテーションスキル、タスクをマネジメントする力などを身につければ、それは一定の汎用的スキルとなります。

私がいた会社はベンチャーでしたので、30歳でコアという時間軸を想定していましたが、これは企業によって違うかもしれません。自社のキャリアステップを示してください。

06 人事ポリシーを人事制度に反映し、運用する

実際には、前項のイメージだけではなく、人事制度における等級制度において、「どのようなことができるようになれば、ステップアップできるのか」をしっかり明示することになります。

オペレーターからオペレーションマネージャー、そしてコアやスペシャリストになるためには、どんなステップを歩んでいく必要があるのか、その道筋を具体的に示すものが本来「等級制度」であり、その道筋で求められていることを発揮しているかを確認する仕組みが「評価制度」です。それによって成長を促し、それを給与に反映させていきます。「どうしたら給与がいくらになるのか」を具体的に示すことで、社員にキャリアの道筋を具体的にイメージさせることができます。

等級・評価・給与制度は人事ポリシーに基づいているか

基幹的な人事制度は、キャリアステップと各ステップで何を求めるのかを示す「等級制度」と、人事ポリシーで明確にした、何を評価するのか（成果・行動・能力・職務など）を反映した「評価制度」、何を給与や賞与に反映するのか（成果と行動か、年齢や勤続や年功をどう考えるのか）を明確にした給与制度で構成されます。

これらの各制度は、人事ポリシーに基づいていなければなりません。

あなたの会社の各制度は人事ポリシーに基づいているか、確認してみましょう。たとえば、次のようなことです。

- 「成果と行動を評価する（成果主義・行動主義）」「職位者についてはその職責の重さを反映した手当を支給する（職務主義）」「その他の年齢や勤続などは考慮しない」
- 基本給は投資価値により決定し、賞与は精算価値により決定する。
- 基本給は積上・積下方式、賞与は洗い替え方式とする
- 低評価者の基本給は仕組みにより下げる
- 投資価値が次の等級を満たすと判定されれば昇格とし、昇給する

●現在の等級に求められている行動が見られなければ投資価値が下がったとして降格し、減給する
●賞与は前年度実績を考慮しない
●生活保障的な手当は支給しない
●社員のキャリアステップは、オペレーター↓オペレーションマネージャー↓コアまたはスペシャリストとする。等級制度はこのキャリアステップにより構成し、キャリアステップごとに求める「行動」を明示する。その行動が発揮されていれば、投資価値がある、と判定する
●Y理論を前提として、目標管理制度を導入し運用する。社員は組織目標達成のために自ら目標を設定し、自ら計画を立て、自らをマネジメントして目標を達成することができる、と考える。上司はそれを支援する
●評価は育成のために行なう。評価者はメンバーの育成のために優れている点、課題となる点を明らかにし、メンバーに示さなければならない

これらのことが明確ならば、人事制度構築は比較的すっきりできるでしょう。

実際には、「賞与の基本給1カ月分は、生活給として、赤字にならない限り支給する」「住宅手当は維持する」などいろいろなポリシーがあるでしょう。

それならばそれで、制度に反映していけばよいのです **自社の現況の制度が、人事ポリシーに基づいているか、ぜひ検証してください**（具体的な制度構築や運用については、拙書『この1冊ですべてわかる　人事制度の基本』（日本実業出版社）を参照ください）。

各制度を人事ポリシーに基づいて運用する

人事ポリシーを反映した制度を構築したら、これも同じく人事ポリシーに基づいたその運用が必要です。

第3章でも例示したように、せっかく、「成果と行動で評価し、給与に反映する。年功や生活保障は考慮しない」と人事ポリシーで明確にしたにもかかわらず、評価者が「彼のお子さん、今度高校生だから……」「Bと評価したら給与が下がるから、Aにしたい」と言い出すことは、本当によくあることです。私は実際にクライアントの評価会議で目撃しています。

「しのびない」「親心でA」などと評価を運用し、それを給与に反映してしまったら、この時点で新しい人事制度は崩壊です。

それこそ「言っていることとやっていることが違う」ということになり、制度へも人事へも経営へも、社員からの信頼は失われてしまいます。
「お子さんの高校入学は考慮しません」「目標を達成していないのですからBはBです」「等級に求める行動が発揮されていないならBです」と、経営者や人事がきっぱりと言えなければなりません。

しかし、逆にいえば、「人事ポリシー」が明確になっていれば、「きっぱり」と言えるはずです。いままではそれがなかったから、「なし崩し」になっていたのです。**「当社はこう考えて制度をつくり運用しているのだ」というしっかりした考えがあれば、「しのびない」と言って「なあなあ」になってしまうことも起こらない**のです。

ここが人事の踏ん張りどころです。**経営と確認した人事ポリシーをきちんと説明して、ポリシーに基づく施策を展開していきましょう。**

07

等級制度のキャリアステップイメージを整理する

「成果と行動で評価する」というポリシーならば、等級制度で示されるのは「行動」がメインになります。発揮されていない能力や年齢や勤続は考慮しません。

参考までに等級制度で示す要件（各等級それぞれにどのような行動の発揮を求めているか）のモデルを示します。

次ページの表は、キャリアステップを６段階にした等級制のモデルです。

４ステップ目から、コア人材のステップとスペシャリストのステップに分かれています。

前述の私がいた会社でのキャリアイメージでは、Ｍ１やＳＰ１の等級に30歳ぐらいに到達してほしいと想定していました。

等級要件例（階層別の意味づけを明確にしたモデル）

等級	等級要件
G1 基礎力獲得・発揮	当社の理念を理解し、社内ルールを遵守しています。任された業務を高い顧客志向に基づき、まじめに、熱心に取り組みます。自分の立場や主張にこだわらず、周囲との連携に気を配り、担当外の業務を進んで手伝います。自分の考えを的確に相手に伝えることができます。ひたむきに取り組むことで経験値を積み、今後に必要なスキルや知識の向上を図ります。
G2 自己完遂	当社の理念を理解し、社内ルールの遵守について他の見本となっています。組織や上長の指示を待つことなく職場の目標に応じた成果を、高い品質を伴って具体的に出すことができます。目標に対する課題を明らかにし、困難な場面でも臨機応変に対応し、あらゆる手を尽くし目標を達成させます。緊張感の強い局面においても冷静に対処します。また、専門分野を築くための自己研鑽を怠りません。
G3 成果マネジメント	当社の理念を十分に理解し、社内ルールの遵守について他の見本となり、指導しています。周囲を巻き込み、前向きな雰囲気をつくりながら、困難な状況にもひるまず目標を達成させます。仕事のクオリティに対して強いこだわりを持ち、情報収集を欠かさず、新たな企画を考え、相手に効果的に説明することができます。
M1 チームマネジメント	当社の理念を十分に理解し、社内ルールの遵守について他の見本となり、組織に浸透させる動きをしています。目標に対する進捗管理を怠らず、問題の本質をとらえ、適切に対処します。また、新しい価値の創造に敏感で、数値的背景を持ちながら、現状を改革するアイデアを具現化することができます。社外の有力なネットワークを持ち、会社の価値向上を図ります。
SP1 専門性による社内影響力	当社の理念を十分に理解し、社内ルールの遵守について他の見本となり、組織に浸透させる動きをしています。社内に対して影響力を持つ専門性を有しています。自らの領域における目標設定、計画立案、進捗管理を、計数の管理とともに行ない、実績をあげます。その専門性を後進に伝えるべく育成を行ないます。

M3 全社マネジメント	M2 組織マネジメント
全社に影響を与える高度な職責を担えることを想定します。理念・行動指針を全社的な影響力を持って十分に体現しています。全社のビジョンを示し、中長期戦略の立案を行ない、戦略に基づく方針および財務的な背景を持った目標を明示します。また担当する組織のビジョンを描き、組織の力を最大限に引き出すべく舵取り、目配りを欠かしません。有用な人材を発掘し、適切な業務を適切なメンバーに任せながら組織全体の能力向上を図ります。また上位者が決断をするための選択肢を論理的に導きます。必要な施策の実施については反対や批判があってもひるまずに説得を行ないます。	当社の理念を十分に理解し、社内ルールの遵守について他の見本となり、組織に浸透させる動きをしています。担当する組織の戦略を示し、明確な目標と計画を立てます。担当組織の責任者として、自身の考えを熱くメンバーに語り、関連する部門を巻き込み、人材をマネジメントしながら結果を出すまで進捗管理を怠りません。また、上位者が決断をするための判断材料と根拠を論理的に導きます。傾聴とフィードバックを行ない、自部門のメンバー個々の能力向上を図り、教え、育てます。
EX 社会的専門性	SP2 専門性による社外影響力
理念・行動指針を全社的な影響力を持って十分に体現しています。社会的に影響力のある専門性を有し、これにより全社的な影響力を発揮しています。専門的な側面から中長期戦略の立案に参画し、収益を上げていきます。専門性を継承するための有用な人材を発掘し、適切な業務を適切なメンバーに任せながら組織的な専門性の向上を行ないます。また経営陣が決断をするための選択肢を論理的に導きます。必要な施策の実施については反対や批判があってもひるまずに説得を行ないます。	当社の理念を十分に理解し、社内ルールの遵守について他の見本となり、組織に浸透させる動きをしています。社外にも影響力のある専門性を有し、これにより大きな影響力を発揮しています。専門的な新たな価値をつくる変革を行ない、実績をあげます。専門性を継承するための有用な人材を発掘し、適切な業務を適切なメンバーに任せながら組織的な専門性の向上を行ないます。また上位者が決断をするための選択肢を論理的に導きます。

各等級に何を求めているか記述はしていますが、これだけでは「どのような行動が求められ、次の等級に何が求められているのか」がはっきりしません。

そこで、等級ごとに求めるものや育成の方針と求める行動を事例として示します。

G1 ——基礎力獲得・発揮

新入社員あるいは社会人エントリーレベルの等級です。

若年層の場合は、キャリアビジョン（将来どうなっていきたいのか）とそこに向けたキャリアプラン（そのためにどのような経験や能力開発が必要なのか）が大切です。キャリアビジョンが見えないとモチベーションが下がります。

そして、この層に必要なことは「エネルギー」であり、がんばり続けることが大切です。採用時に確認していると思いますが、それを維持させるのがモチベーションです。

その根源は目的・目標の有無ですからそこをつねに考えさせるように施策を組む必要があり、いつでも目標と現状を振り返らせる状態にしたいものです。

また、この段階で大切なことは、「覚える」ことではなく視野を形成することです。

視野形成とは、何かの事象があったときに、頭の中に「あ、あれが使える」と気がつくことであり、その視野があれば、必要なことを必要なときに学ぶことができます。知らないことよりも、「何を知らないのかを知らない」ことのほうが、罪深いのです。

次ページの表は新入社員やG1等級レベルに欠かせないとされる等級要件の例です。その等級に「欠かせない行動」を示しています。

成長意欲とその源泉となるエネルギー（継続力）、マナーなどの社会人としての基本行動、基本的コミュニケーション力（報連相など）、周囲との協力等になります。ビジネスパーソンの基礎といえる行動です。人事評価では、この行動が発揮できているかを評価することになります。

この事例では、主体性よりも「チームワーク」を優先しています。次の等級で主体性を求めます。

G1等級レベルのコンピテンシー

創造的態度（意欲）	創造的能力を発揮しうる源泉となる意欲や態度特性を持っている。広く興味を持ち好奇心を持って物事をとらえる。他者が出した発想やアイデア・新しい取り組みに対して、前向きに、積極的に受け入れ、発展させようとする。
情報収集	必要な情報を多方面から入手する。いろいろな人や多くの情報ソースからの情報を集め、まとめ、客観的に事実をとらえる。
チームワーク	チームメンバーと協調し、他者に積極的に協力する。チームの方針に沿った行動を行ない、また自分が得た情報を適切にチームと共有する。
共感力	他者の気持ちを気にかけている。相談を持ちかけられたら親身に乗り、相手の気持ちに共感を示す。違う立場や意見を持つ人を受容する。
伝達力	自分が伝えたいことを、要点をまとめて、わかりやすく伝える。口頭でも文書でも、相手を混乱させずに、しっかりと簡潔に伝える。
成長意欲・学習意欲	キャリア上の目標を持ち、そこに向かって自らの能力を伸ばそうとする。好奇心を持って能動的に学ぶ。継続的な勉強を怠らない。他者からのアドバイスをつねに求める。成長意欲がある。
誠実な対応	誠実であり、信頼される。模範的な行動を取る。うそやごまかしがなく、謙虚である。感謝し、お礼を伝え、間違いがあれば素直に反省し、謝る。
ルール遵守	ルール、約束、期限を守る。決まりごとを認識し、決められたことを着実に行ない、他者にもそれを求める。引き受けた仕事は最後までやり抜く。
マナー意識	清潔な身だしなみ、安心感を与える立ち居振る舞い、きちんとした言葉遣いなど、初対面の相手にも好感を得られるマナーを身につけている。
継続力	困難があったときでも、負けずに仕事に取り組み続ける。単調なことでもコツコツと努力を継続する。

G2 自己完遂

新卒入社であれば、3年目ぐらいでG2等級に昇格することを想定します。

この段階で求められるのは、育成期間が終了し、「任された実務をしっかりと一定レベル以上で遂行する」ということ、自ら主体的に行動すること、自分のコンディションを自らコントロールできることなどです。

また、周囲、他部署、顧客との折衝も行なう中で、自らが置かれた状況を客観的に見ること、情報を的確に収集すること、そこから新たな企画を提案することなども求められるでしょう。

さらに後輩もできて、主体性や率先垂範も求められます。

一方で、「キャリアに不安・不満」があると、退職を考える時期でもあります。仕事をする上での実務スキルを求められる時期でもあり、仕事をしていくためのツール・武器類（図解化能力やロジカルシンキングなど）を学ぶ機会をつくることも有効です。

自己啓発の選択の機会も提示することも必要でしょう。ここではメニューの多彩さが大切です。

以上を踏まえ、次の要素を身につけてほしい等級です。

【G2で求められるスキル・能力】

PDCAサイクル／上司・後輩とのコミュニケーション／現在の自分の棚卸（コンピテンシー・スキル・ナレッジ）／キャリアプラン（次のステップは何か）／ビジネスツール（図解化能力・企画提案力等）

G2等級レベルにおいては実際のビジネス場面でこれらを活用できなければなりません。ここでは実践型の教育プログラムを組むことが有効です。

また、中長期的な人材育成を想定するならば、この段階で違う仕事を経験させて視野を養います。戦略的な異動です。コア人材を想定しているのならば、できれば2～3つの部署を経験してからG3等級に昇格させる人事を行なうなどをしたいものです。

求められる要件は次のようになります。

「主体的な行動」や「状況把握・自己客観視」といった、客観的に状況や自身を見ながら、自ら考えて行動していくこと、そして、企画を提案すること、仕事の品質に信頼性があることなどが求められると考えます。

G2等級レベルのコンピテンシー

創造的態度（意欲）	創造的能力を発揮しうる源泉となる意欲や態度特性を持っている。広く興味を持ち好奇心を持って物事をとらえる。他者が出した発想やアイデア・新しい取り組みに対して、前向きに、積極的に受け入れ、発展させようとする。
情報収集	必要な情報を多方面から入手する。いろいろな人や多くの情報ソースからの情報を集め、まとめ、客観的に事実をとらえる。
状況把握・自己客観視	自身と周囲の人々や物事との関係性およびその環境を的確に理解し、適切で必要な言動を取る（空気を読む）。
企画提案力	よりよくするための提案をする。その際に相手にわかりやすい企画にまとめる。プレゼンソフト、表計算ソフトにより、関係性を示す図解表現、わかりやすいグラフなどを織り込んだ企画書・提案書を作成し、説明する。
クオリティ	仕事の品質にこだわり、チェックを怠らない。品質向上をつねに意識し、ミスが起こらない仕組みをつくる。
成長意欲・学習意欲	キャリア上の目標を持ち、そこに向かって自らの能力を伸ばそうとする。好奇心を持って能動的に学ぶ。継続的な勉強を怠らない。他者からのアドバイスをつねに求める。成長意欲がある。
主体的な行動	自分で考え率先して行動し、チームの動きをつくる。チャンスがあればためらわずにやってみる。
タフさ	仕事を続けるエネルギーがある。必要なら熱心に長時間持続的に働く。進んで仕事を引き受ける。厳しい状況でもへこたれない。
ストレスコントロール	発表、プレゼンテーションなど、ストレスがかかる場面においても、冷静かつ適切な行動を取る。また、クレームや批判についてもパニックにならず適切に対応する。
継続力	困難があったときでも、負けずに仕事に取り組み続ける。単調なことでもコツコツと努力を継続する。

G3 成果マネジメント

いわゆるチーフクラスです。プレーヤーとしては完成レベルに近づき、その上で、周囲を巻き込むことが求められます。実務スキルが最大限求められる時期でもあり、仕事をしていくためのツール・武器類（問題分析のためのロジカルシンキングや効果的なプレゼンテーションスキルなど）を発揮する機会も有効です。

プレーヤーとして脂が乗っている状態ならば、立ち止まらせる必要はありません。

しかし、複数名によるチームやプロジェクトを任せることも想定され、その意味では、チームとしてのタスクマネジメントやヒューマンマネジメントについても一定の知識・スキルが求められるようになります。

また、一定の領域での専門性も形成したいところです。社内で貢献できる、なんらかの分野の専門性を磨くことも大切です。

このレベルであれば、自らのキャリアをどのような分野で形成していくか、マネジメント力をつけるか、専門分野を極めていくか、といったキャリアコースの選択も必要となるでしょう。

以上を踏まえ、次の要素を身につけてもらいたいと考えます。

【G3で求められるスキル・能力】
マネジメント／PDCAサイクル／周囲の動機づけ・チームビルディング／現在の自分の棚卸（コンピテンシー・スキル・ナレッジ）／ビジネスツール（ロジカルシンキング・プレゼンテーション力）／専門的知識・スキルの獲得

特にロジカルシンキングは重要です。

この層の研修やこの次の層へのアセスメント（昇格判定）を行なう際に気になるのが、「問題分析力」です。

よく見かけるのは、この層の人材が、昇格論文の中で「マネージャーに昇格したら何をするか」というテーマに対して、「人が辞めるから、辞めないようにする」「仕事が忙しいから人を入れる」という記述で終始してしまうことです。これではなんの解決にもなりません。

「なぜ人が辞めるのか、その原因は何か」「なぜ忙しいのか、人を入れれば解決するのか」についての掘り下げた視点がほしいところです。

また、問題を俯瞰的に見る視野も必要です。視野が限られている状態では、間違った行

G3等級レベルのコンピテンシー

創造的能力	未体験の問題解決に適した新たなアイデア（モノ、方法、仕組み、発明など）を生み出し、企業活動に価値あるものとして具現化する力がある。
目標達成	組織やプロジェクトの目標を達成する。達成にこだわり、あきらめず、最後の最後まで可能性を追求しあらゆる手段を尽くす。何事も実行を重視し、投げ出したりせず、目標を追い続ける。目標達成にこだわるエネルギーを絶やさない。
動機づけ	チームの目標達成のために、周囲に仕事の目的や意味を伝え、理解させ、熱意を持って動機づけする。チームの活性化を促進する。モチベーションの下がっているメンバーを適宜フォローする。
問題分析	問題を客観的・構造的かつ網羅的にとらえる。必要に応じて適切な分析ツールを用いながら、問題の本質を見抜く。
改善	目標と現状の差異を確認し、問題を把握し、よりよい方法をつねに工夫する。無駄を排除し、より効率的な仕事の進め方を考え実行する。
異文化コミュニケーション	文化や価値観の違う人とコミュニケーションし、理解し、共感する。また自身の価値観や文化についての理解を得る。
プレゼンテーション	わかりやすく、はっきりと、要点を効果的に伝える。相手の人数にかかわらず、プレゼンテーションツールや技法を用いて、聞き手の理解と共感を得ながら、伝えるべきことをすべて伝える。
カスタマー	顧客のニーズを理解し、つねに顧客満足を得られるものを提供しようとする。フォローを適切に行ない、満足度を向上させる。
スペシャリティ	業務に必要な専門知識や技術を有し、実際の業務においてそれを活かす。自らの専門性をつねにブラッシュアップし、かつ専門外の人にわかりやすく伝える。他の専門性との連携も適切に行なう。
柔軟な対応	環境変化、相手の要望の変化に適切にかつ前向きに対応する。臨機応変に立ち回る。

動につながってしまうリスクが高くなります。

それに必要なものが、ロジカルシンキングフレームです。物事を俯瞰的にかつ構造的に見るためのツールで、その思考ができるかどうかが「仕事ができるか、できないか」の大きな違いにもなってきます。

また、次のステップで組織を任せられるようになる際に、あるいはスペシャリストとして専門性を発揮できるようになるために、欠かせない力になります。

問題を解決するために、客観的な分析ができ、かつ解決のためのアイデアを出し、それをプレゼンテーションして周囲に理解してもらい、動かしていくための行動の発揮などを求めます。

M1 チームマネジメント

マネージャーレベルとして、10名程度までの組織を率いることを想定します。否応なく「自分1人」では済まされません。周囲への影響力を発揮しながら、成果に責任を持てるレベルであると判断できなければここに昇格させてはなりません。

基本的に必要なことは「マネジメント」です。

マネジメントとは「経営資源を効率的に活用し最大の成果をあげること」などです。経営資源とは「人・モノ・カネ・情報（知識・知恵・ブランドなどの信頼）・時間」などであり、これを無駄なく活用して最短距離で組織目標を達成することが求められます。

計画を立案（リスクを想定した別プランの立案も必要）し、進捗を管理し、必要に応じて計画変更を行なって目標を達成します。これを自分だけでなく周囲との関連性、部下や連携するチームのＰＤＣＡを踏まえながら動かしていくことになります。

一定の領域における経営資源を託すのです。それを放置していていいわけがありません。いわゆる中間管理職ともいえるこの層の戦力化は、非常に重要なのです。

ここにおけるミニマムレベルの要素は、次のとおりです。


【Ｍ１で求められるスキル・能力】

マネジメント（タスクマネジメント・ヒューマンマネジメント）／目標管理（目標設定・計画立案・進捗管理）／部下育成とモチベーションの要素理解／計数知識、人事労務知識、法務（契約）知識とリスクマネジメントに関する知識等さらに、管理職としては、次の項目も求められます。

> **人事評価／人事面談・フィードバック／人事管理（労働時間管理等）／予算実績管理等**

計画立案・進捗管理といったタスクマネジメント要素と、人材育成といったヒューマンマネジメントを求めます。

この等級に何歳ぐらいで到達させるか、それを想定するのも重要な「人事ポリシー」です。また、ここに到達できない人をどうするのかも同様です。企業の業績はこの層にかかっています。

M1等級レベルのコンピテンシー

創造的能力	未体験の問題解決に適した新たなアイデア（モノ、方法、仕組み、発明など）を生み出し、企業活動に価値あるものとして具現化する力がある。
計画立案	無理なく目標達成することができる、考え抜かれた現実的な計画を立案する。
進捗管理	組織やプロジェクトの目標達成に向け、計画の進捗管理を行なう。計画に設けられたベンチマーク時点での達成状況を確認する。実行の優先順位をはっきりさせる。進捗に問題があるときは、計画修正を行ない、達成に向けて管理する。
目標達成	組織やプロジェクトの目標を達成する。達成にこだわり、あきらめず、最後の最後まで可能性を追求しあらゆる手段を尽くす。何事も実行を重視し、投げ出したりせず、目標を追い続ける。目標達成にこだわるエネルギーを絶やさない。
計数管理	計数に明るくプロフィット&ロス（PL）やバランスシート（BS）に関する知識を有する。財務的視点、計数的視点から物事をとらえ分析する。自社、自部署の収益構造を理解しており、業績をあげるための適切な施策を実行する。
人材育成	メンバーそれぞれの能力向上を働きかける。個別の目標・課題設定を促し、評価し、よい点・改善点のフィードバックを行ない、気づきを与え、成長させる。
解決案の提示	適切な状況判断を行ない、解決のための複数の選択肢を案出する。それぞれの選択肢のメリット・デメリットを整理し、合理的な決断を促す。
改善	目標と現状の差異を確認し、問題を把握し、よりよい方法をつねに工夫する。無駄を排除し、より効率的な仕事の進め方を考え実行する。
傾聴力	相手の話をよく聞き、相手がわかってくれたと思うまで、理解する。理解を示し、相手の信頼を得る。
プロフィット	利益向上に関しての関心を持ち、現在どのような状況にあるのかを把握している。「儲け」に対しての意識が高く、どのようにしたら利益を生み出せるのかつねに考え、取り組み、実績につなげる。

SP1　専門性による社内影響力

スペシャリストのキャリアステップです。G3ぐらいから、自身のキャリアをマネジメント領域か、スペシャリティ領域かで考えさせて選択させていきます（もちろん本人の選択だけではなく、企業の要望も踏まえて最終的には決定するべきでしょう）。

スペシャリストだからといって、1人でやればいいというわけではありません。周囲への影響力はM1同様に発揮してもらわなければなりません。**チームマネジメントではなく、専門性において周囲への影響力を発揮してもらうのです。**

その専門性を後進に伝える、という人材育成も求められるはずです。

次ページの表のような要素を求めるべきと考えます。

ちなみに、スペシャリストは、「マネジメントができない人」ではありません。課長や部長でなくても、社内外の人たちをマネジメントして成果を出していくものです。マネジメント力も求めなければなりません。

また「人の育成」も相手が部下でなくても求めるべきです。

そして、自らのスペシャリティをブラッシュアップし続けること、社外の専門家ネット

SP1等級レベルのコンピテンシー

理念浸透	会社の理念に共感しており、理念に基づいた言動を行なう。その仕事が理念に則っているかを判断し、理念行動を促す。理念の実現に向けて、どんなときも理念に沿った言動を取る。
創造的能力	未体験の問題解決に適した新たなアイデア（モノ、方法、仕組み、発明など）を生み出し、企業活動に価値あるものとして具現化する力がある。
目標設定	達成基準が明確な目標を設定する。目標を正しく理解させるために周囲に働きかけ、組織目標を個人目標にブレイクダウンし、個々の目標設定を促す。
計画立案	無理なく目標達成することができる、考え抜かれた現実的な計画を立案する。
進捗管理	組織やプロジェクトの目標達成に向け、計画の進捗管理を行なう。計画に設けられたベンチマーク時点での達成状況を確認する。実行の優先順位をはっきりさせる。進捗に問題があるときは、計画修正を行ない、達成に向けて管理する。
計数管理	計数に明るくプロフィット&ロス（PL）やバランスシート（BS）に関する知識を有する。財務的視点、計数的視点から物事をとらえ分析する。自社、自部署の収益構造を理解しており、業績をあげるための適切な施策を実行する。
人材育成	メンバーそれぞれの能力向上を働きかける。個別の目標・課題設定を促し、評価し、よい点・改善点のフィードバックを行ない、気づきを与え、成長させる。
解決案の提示	適切な状況判断を行ない、解決のための複数の選択肢を案出する。それぞれの選択肢のメリット・デメリットを整理し、合理的な決断を促す。
プレゼンテーション	わかりやすく、はっきりと、要点を効果的に伝える。相手の人数にかかわらず、プレゼンテーションツールや技法を用いて、聞き手の理解と共感を得ながら、伝えるべきことをすべて伝える。
人的ネットワーキング	社内外の人的ネットワークを構築し、活用する。企画を通すために根回し、理解を得て、実現への組織合意を形成する。多面的な分野の人材とのネットワークを持ち、協力を得る。
スペシャリティ	業務に必要な専門知識や技術を有し、実際の業務においてそれを活かす。自らの専門性をつねにブラッシュアップし、かつ専門外の人にわかりやすく伝える。他の専門性との連携も適切に行なう。

ワークなどを築き活性化していくことも求めましょう。

M2 組織マネジメント

いわゆる「部長層」とされる階層です。

マネジメントだけでは企業の成長は鈍化していきます。収穫逓減の法則というものがあります。**仕組みをつくり回すことがマネジメントならば、次に生み出すべき価値をつくり出すのがリーダーシップです。**現状維持ではダメなのです。


企業のこの層においては、リーダーシップ的要素が十分でない人材も多く見られます。「求められていることに気づいていない」のではないか、または企業が明確に伝えていないのではないかと思えることもあります。


4等級までは、現在とこの1年を見ればまずはよいでしょう。

しかしこの等級は組織の3年後、5年後を見据えなければなりません。戦略策定や変革といった「コア中のコア」の要素が重要になります。

また一方でマネジメントの徹底も重要です。この層の多くは下位のマネージャーを介した「間接マネジメント」を行ないます。影響範囲が大きいのです。

ここにおける視野の狭さは致命傷となります。複数部門の経験が必要でしょう。

実は、なかなかこれらをできる人がいない、というのが多くの企業の悩みの1つではないでしょうか。

この等級の要素は、自ら相当勉強してもらわないと身につけ発揮することは難しい要素です。選抜して教育している企業もあります。この層に何を求めるのかも「人事ポリシー」の重要な点になります。


【M2で求められるスキル・能力】
●経営的視点（ビジョン策定・戦略策定）／戦略フレーム（PPM・ランチェスター・ポジショニング・SWOT・競争優位・プロダクトライフサイクル等）／事業戦略／組織戦略（事業戦略遂行のための組織・組織構造）／組織マネジメント／人事戦略（採用計画・配置計画・育成計画・人材発掘・活用）／目標管理・BSC（バランスドスコアカード）

M2等級レベルのコンピテンシー

理念浸透	会社の理念に共感しており、理念に基づいた言動を行なう。その仕事が理念に則っているかを判断し、理念行動を促す。理念の実現に向けて、どんなときも理念に沿った言動を取る。
戦略策定	ビジョンに向かう戦略を策定する。組織メンバーに方針を示し、組織の向かう方向を明らかにする。戦略の具体化をし、実行の責任を負う。
変革力	これまでの慣習・前例にとらわれない新たな取り組みを行なう。現状への危機意識を持ち、反対勢力に屈せずに、つねに新しいことを常識にとらわれずに試行し、実績につなげる。
目標設定	達成基準が明確な目標を設定する。目標を正しく理解させるために周囲に働きかけ、組織目標を個人目標にブレイクダウンし、個々の目標設定を促す。
計画立案	無理なく目標達成することができる、考え抜かれた現実的な計画を立案する。
進捗管理	組織やプロジェクトの目標達成に向け、計画の進捗管理を行なう。計画に設けられたベンチマーク時点での達成状況を確認する。実行の優先順位をはっきりさせる。進捗に問題があるときは、計画修正を行ない、達成に向けて管理する。
計数管理	計数に明るくプロフィット&ロス（PL）やバランスシート（BS）に関する知識を有する。財務的視点、計数的視点から物事をとらえ分析する。自社、自部署の収益構造を理解しており、業績をあげるための適切な施策を実行する。
人材発掘・活用	社内の優れた人材を見出し、引き上げる。また社外の優秀な人材を引っ張る。組織全体の人材育成を働きかけ、将来性のある人材を育てる仕組みを構築する。
人材育成	メンバーそれぞれの能力向上を働きかける。個別の目標・課題設定を促し、評価し、よい点・改善点のフィードバックを行ない、気づきを与え、成長させる。
人的ネットワーキング	社内外の人的ネットワークを構築し、活用する。企画を通すために根回し、理解を得て、実現への組織合意を形成する。多面的な分野の人材とのネットワークを持ち、協力を得る。
決断力	タイミングよく、必要な決断を下し、メンバーに明確に指示をする。他の選択肢を捨てることを厭わず、自らの決断に責任を取る覚悟ができている。
解決案の提示	適切な状況判断を行ない、解決のための複数の選択肢を案出する。それぞれの選択肢のメリット・デメリットを整理し、合理的な決断を促す。
説得力	傾聴と発信により、人の考えや態度を自分が意図した方向へ変える。交渉がうまく、双方の Win-Win を示し、合意形成する。

ここが近視眼的・単（短）視眼的であると、企業の業績は急激に落ちていきます。中長期的視点を養うのは簡単ではありません。戦略フレーム（ダブル3C・クロスSWOT・5FORCES・PPM）などを用いながら、現在と中長期的な将来に向けての戦略を策定します。

戦略ツールは、網羅的な視点を確保するために必要です。それがないと、組織に重大な危機をもたらす可能性があります。

SP2　専門性による社外影響力

SP2以上のスペシャリストの等級においては、表にあるコンピテンシーも大切ですが、それ以上に、その専門性が企業にとってどれだけの影響力があるか、ということが問われます。

専門性そのものの創出価値の大きさでどの等級に位置づけるかを判定します。M2やM3の等級と同等かそれ以上の影響力の発揮が求められるといえるでしょう。その意味で、SP2とEXについては端的に書きます。

SP2等級レベルのコンピテンシー

理念浸透	会社の理念に共感しており、理念に基づいた言動を行なう。その仕事が理念に則っているかを判断し、理念行動を促す。理念の実現に向けて、どんなときも理念に沿った言動を取る。
変革力	これまでの慣習・前例にとらわれない新たな取り組みを行なう。現状への危機意識を持ち、反対勢力に屈せずに、つねに新しいことを常識にとらわれずに試行し、実績につなげる。
目標設定	達成基準が明確な目標を設定する。目標を正しく理解させるために周囲に働きかけ、組織目標を個人目標にブレイクダウンし、個々の目標設定を促す。
計画立案	無理なく目標達成することができる、考え抜かれた現実的な計画を立案する。
人材発掘・活用	社内の優れた人材を見出し、引き上げる。また社外の優秀な人材を引っ張る。組織全体の人材育成を働きかけ、将来性のある人材を育てる仕組みを構築する。
人材育成	メンバーそれぞれの能力向上を働きかける。個別の目標・課題設定を促し、評価し、よい点・改善点のフィードバックを行ない、気づきを与え、成長させる。
解決案の提示	適切な状況判断を行ない、解決のための複数の選択肢を案出する。それぞれの選択肢のメリット・デメリットを整理し、合理的な決断を促す。
説得力	傾聴と発信により、人の考えや態度を自分が意図した方向へ変える。交渉がうまく、双方のWin-Win を示し、合意形成する。
人的ネットワーキング	社内外の人的ネットワークを構築し、活用する。企画を通すために根回し、理解を得て、実現への組織合意を形成する。多面的な分野の人材とのネットワークを持ち、協力を得る。
プロフィット	利益向上に関しての関心を持ち、現在どのような状況にあるのかを把握している。「儲け」に対しての意識が高く、どのようにしたら利益を生み出せるのかつねに考え、取り組み、実績につなげる。
スペシャリティ	業務に必要な専門知識や技術を有し、実際の業務においてそれを活かす。自らの専門性をつねにブラッシュアップし、かつ専門外の人にわかりやすく伝える。他の専門性との連携も適切に行なう。

ＳＰ２は、専門性において、より高い価値を創出します。その専門性が「社外への大きな影響力」を発揮することを期待する等級です。その専門性の企業の代表といってもいいでしょう。

求められることはＭ２とそう変わりません。「部長」ではなくてもそれに相当する影響力を発揮してもらう存在として、変革や人を育てる仕組み構築などを求めます。

また、「その専門性」が今後、どのようになっていくのか、引き続き有効なのか、陳腐化しないのか、今後どのような要素が必要になるのか、など専門的観点から将来を予見することも大切でしょう。

Ｍ３　全社マネジメント

本部長・役員クラスです。Ｍ２の要素をより広範囲で、長期的な視点で求められる層です。

Ｍ１、Ｍ２に求められることを高度に発揮するとともに、企業のビジョンを策定し、示し、そこから戦略立案して実行していくなど、中長期的な全社的な視点が求められます。

M3級レベルのコンピテンシー

理念浸透	会社の理念に共感しており、理念に基づいた言動を行なう。その仕事が理念に則っているかを判断し、理念行動を促す。理念の実現に向けて、どんなときも理念に沿った言動を取る。
ビジョン策定	中長期的な視野を持ち、多角的な視点を用いて、ビジョンを明示する。数年後のあるべき姿を描き、示す。
戦略策定	ビジョンに向かう戦略を策定する。組織メンバーに方針を示し、組織の向かう方向を明らかにする。戦略の具体化をし、実行の責任を負う。
変革力	これまでの慣習・前例にとらわれない新たな取り組みを行なう。現状への危機意識を持ち、反対勢力に屈せずに、常に新しいことを常識にとらわれずに試行し、実績につなげる。
目標設定	達成基準が明確な目標を設定する。目標を正しく理解させるために周囲に働きかけ、組織目標を個人目標にブレイクダウンし、個々の目標設定を促す。
組織運営	組織階層や職種についての知見を持ち、それぞれを理解する。すべての人材について目を配り、成果を最大化する組織運営を行なう。
人材発掘・活用	社内の優れた人材を見出し、引き上げる。また社外の優秀な人材を引っ張る。組織全体の人材育成を働きかけ、将来性のある人材を育てる仕組みを構築する。
業務委任	メンバーに仕事を任せ、成長の機会を与える。委任するメンバーと判断基準を合わせ、責任は引き受けながら、権限を委譲し、自身はより重要な職務に時間を割く。
決断力	タイミングよく、必要な決断を下し、メンバーに明確に指示をする。他の選択肢を捨てることを厭わず、自らの決断に責任を取る覚悟ができている。
説得力	傾聴と発信により、人の考えや態度を自分が意図した方向へ変える。交渉がうまく、双方の Win-Win を示し、合意形成する。
信念	自分が信じる確固たる意志を持ち、反対や批判があっても前進する。成功に向けて情熱的に周囲に働きかける。

「ビジョン」を無責任に描かれては困ります。

世界・日本・業界・景気など広範囲にわたり知見や経験に基づき、「これからこうなるから我々はこうしていく」というあるべき姿を描き示すことは簡単ではありません。

社長とも真っ向勝負できる覚悟が必要です。そのための人望も求められるでしょう。

EX 社会的専門性

スペシャリストとしてここまで来れば、それは業界を代表する専門家です。

講演に呼ばれる、本を出すなど、企業の顔、業界の顔として影響力を発揮していただきたいステージです。

EX等級レベルのコンピテンシー

理念浸透	会社の理念に共感しており、理念に基づいた言動を行なう。その仕事が理念に則っているかを判断し、理念行動を促す。理念の実現に向けて、どんなときも理念に沿った言動を取る。
戦略策定	ビジョンに向かう戦略を策定する。組織メンバーに方針を示し、組織の向かう方向を明らかにする。戦略の具体化をし、実行の責任を負う。
信念	自分が信じる確固たる意志を持ち、反対や批判があっても前進する。成功に向けて情熱的に周囲に働きかける。
人材発掘・活用	社内の優れた人材を見出し、引き上げる。また社外の優秀な人材を引っ張る。組織全体の人材育成を働きかけ、将来性のある人材を育てる仕組みを構築する。
業務委任	メンバーに仕事を任せ、成長の機会を与える。委任するメンバーと判断基準を合わせ、責任は引き受けながら、権限を委譲し、自身はより重要な職務に時間を割く。
人材育成	メンバーそれぞれの能力向上を働きかける。個別の目標・課題設定を促し、評価し、よい点・改善点のフィードバックを行ない、気づきを与え、成長させる。
解決案の提示	適切な状況判断を行ない、解決のための複数の選択肢を案出する。それぞれの選択肢のメリット・デメリットを整理し、合理的な決断を促す。
説得力	傾聴と発信により、人の考えや態度を自分が意図した方向へ変える。交渉がうまく、双方の Win-Win を示し、合意形成する。
人的ネットワーキング	社内外の人的ネットワークを構築し、活用する。企画を通すために根回し、理解を得て、実現への組織合意を形成する。多面的な分野の人材とのネットワークを持ち、協力を得る。
プロフィット	利益向上に関しての関心を持ち、現在どのような状況にあるのかを把握している。「儲け」に対しての意識が高く、どのようにしたら利益を生み出せるのかつねに考え、取り組み、実績につなげる。
スペシャリティ	業務に必要な専門知識や技術を有し、実際の業務においてそれを活かす。自らの専門性をつねにブラッシュアップし、かつ専門外の人にわかりやすく伝える。他の専門性との連携も適切に行なう。

ここまで、各階層に求めるものの事例を説明しました。これらも、企業の各階層の社員に何を求めるのか、といった「人事ポリシー」です。

階層の数も企業によって違うでしょう。そして求めるものも異なるかもしれません。

ここまで説明した要素を叩き台として、社内で議論していただくとよいかと思います。

そして具体的に社員に示しましょう。

「人事ポリシー」に基づく評価軸をしっかりと示して求められる行動を評価することによって、「気づきを得て成長を促す」ことができます。

紹介してきた要素は、「他社でも通用する汎用的な力」になるものです。

どこの企業に行ってもプレゼンテーション力や傾聴力といったコミュニケーション能力や、計画立案や進捗管理といったタスクマネジメント能力、ロジカルシンキングといった問題解決力は求められます。

これらの力をつけさせて「どこにでも行ける人材になっていく」ことを社員にイメージさせれば、「他に行かなくてもここで成長できる」と思ってもらうことができ、離職せずに成果を出すことを期待し続けることができると考えます。

08

社員のミッションと目標を明確にする

ここまで、社員の行動を評価する指標を示してきましたが、何をもって評価するかで、「成果」も選択されているのならば、社員の成果をしっかり評価することになります。

「成果って見えづらいんだよね」「何をもって成果とするか、難しいよね」「管理部門だから、成果を評価してもらいにくいんだよね」といった悩みも聞きます。

しかし、企業であり、顧客や社会に価値を提供しているのならば、「成果は見えない」では困ります。**難しかろうがややこしかろうが、社員の目標を明確にし、その達成状況をしっかりと評価し、貢献を認めて報いる、ということが求められる**のです。

ミッションを示すと見えてくる

ではどうすればよいかというと、社員1人ひとりの「ミッション」を明確にしましょう。

ミッションは、「○○をより□□する」と示してもらうとよいでしょう。

「営業により、顧客により喜んでもらい、売上をあげる」「経営により迅速に経営数値を報告し、経営判断に役立ててもらう」「社員がより働きやすくなり、より成果をあげられるよう支援し、会社の業績に貢献する」などです。できればウキウキするものにしましょう。

その上で、それぞれの目標を明確にします。

目標設定をする方法は2つ

目標設定のしかたは、大きく分けると2つの方法があります。

1つは企業や上司が目標を与えるもの。もう1つは、社員自身が目標を自ら考えて立てるもの、です。後者が「**目標管理制度**」といわれているものです。

第1章でもお伝えした、ドラッカーが提唱した目標管理制度を導入するのならば、前提はY理論であり、組織目標に基づく、個々人の目標を社員自らが設定することになります。

その上で、「達成基準」を明確にしなければなりません。目標が漠然としていたら到達しません。

これは私が目標についてよく用いるたとえ話で、「西に向かってがんばって走ります」といった目標では、「いつまでにどこに行けばいいのか」がわかりません。

さあ評価しようという段階になって、「どこにいるの?」「甲府です」「え? 大阪じゃないの?」「甲府だって〝西〟ですもん」といった不毛な議論になってしまいます。

しかし、明日の19時に、JR新神戸駅の新幹線改札口に集合する」という目標ならば、達成したかどうかが明らかになります。

また、「売上を1・5倍にする」「新規事業をスタートさせる」といった到達点だけでなく、「3カ月以内に取引先を5社増やす」「5月末までに、新規事業案を10案出す、7月末までに、事業案を役員会で承認してもらう」など、プロセスの目標を設定することも有効です。

途中経過の目標があれば、社員がその都度達成感を感じやすく、上司も褒めやすくなり、社員のモチベーションをより高めることができ、目標を達成しやすくなります。

これも「人事ポリシー」です。Y理論ベースなのか、ドラッカーの趣旨のとおり自主性を前提として運用するのか、といった考え方をしっかりしておかなければならないのです。

09

目標設定会議、評価会議で、業績と人材育成を議論する

管理職が集まって行なう**「目標設定会議」**と**「評価会議」**を定例化したいものです。

管理職研修の場面で参加者によく聞く質問があります。

「評価、好きですか？」

「好き」と答える人はほぼいません。みんな嫌いなんです。

なぜかと聞くと、「難しいから」という答えが最も多いのです。「低い評価をつけづらいから」「自己評価がとても高い部下に苦労するから」などもあります。

「評価制度」を導入しても、やる人が「嫌い」なのですから、運用に苦労するのは当然です。しかし、避けるわけにはいきません。

人事ポリシーとして、「なんのために人事評価を行なうのか」を明確にしてください。

私たちのクライアントでは、「社員の育成のために行なう」という人事ポリシーとしています。

何を重視して評価するかも人事ポリシーで明確になっているはずですので、その評価を通じて、社員の育成のために行なうということを明確にしてください。

その目的が明確ならば、仮に「嫌い」だとしても、管理職も社員も、人事評価にしっかりと取り組むようになっていきます。

そのうち、「嫌い」ではなくなっていくこともあります。

成長企業は「評価大好き」

私の実感では、成長している企業は、たいがい「評価が大好き」です。

「大好き」は行きすぎた表現かもしれませんが、評価者としての管理職が集まって、時間をかけて喧々諤々、「彼をどう育てるか」「彼女のいいところを伸ばすにはどうしたらいいか」「彼にどのようにフィードバックしたらいいか」などを議論しています。「大評価月間」といって管理職の仕事の優先度を評価として取り組んでいる会社もあります。

「忙しくて評価なんかしていられない」というような管理職には、はずれていただいてもよいでしょう。

管理職の重要な仕事が「人の育成」であるはずだからです。だから**管理職は、真摯に人事評価に向き合わなければならない**のです。

これも人事ポリシーです。管理職に何を求めるのかを、明確にしてください。

参考までに次ページに「職位要件例」を示しておきます。

こちらを叩き台に使っていただき、「部長」や「課長」に求めるものを明確にしましょう。

実はこの要件をしっかり備えて管理職に示している、また任免の基準にしている企業は、驚くほど少ないというのが私の実感です。

「個人で業績をあげているから課長にしよう。プレイングマネージャーならできるだろう」というのが実情ではないでしょうか。しかし「エースで4番」が「名コーチや名監督」になれるとは限りません。

プロ野球でプレイングマネージャーとして成功したのは、故・野村克也さんしかいません。プレイングマネージャーは難しいのです。

職位要件例

職位	要件分野	職位要件
部長	担当職務	「部」の長として、その業績責任を持つ。
	上位者の補佐	本部長を補佐する。
	権限行使	部長に委ねられる決裁権限を、適切に行使する。
	方針策定	全社的観点から、担当する部の３年間の戦略を提議し、経営の承認を得る。
	目標設定	担当する部の目標を起案し、経営の承認を得る。
	目標明示	設定された目標を管下部署ごとに設定し、メンバーに明確に示し、動機づけする。
	予算策定	担当する部の予算案を策定する。
	実績管理	予算と実績の乖離を管理し、予算達成に向け都度施策を企画し実行する。
	実績管理権限	部長としての経費決裁権限を持ち、また本部長決裁事項についても、本部長がその認否を信頼する。
	業績管理責任	担当する部の予算達成責任を持つ。
	人材育成	担当する部のマネージャーの育成責任と、部全体の人材育成責任を持ち、人材育成計画を策定し実行する。
	人事管理	担当する部の適切な人員管理（役職任免、人員配置、社員の採用、評価）を本部長に提議する。メンバーの二次評価、課長職の一次評価、部全体の労働時間管理、労務問題への対応に責任を持つ。
	リスク管理	部で起こり得るリスクを予見し、対処し、未然に防ぐ。リスクが発生したときには適切に対処する。
	必要能力	上記業務を遂行するための、会社・業界・職種・業務に関する広範な知識と経験・見識を持ち、人望がある。
課長	担当職務	部に属する「課」の長として、その業績責任を持つ。
	上位者の補佐	本部長・部長を補佐する。
	権限行使	課長に委ねられる決裁権限を、適切に行使する。
	目標設定	担当する課の年度目標を設定し、本部長・部長の承認を得る。
	目標明示	設定された目標を所属メンバーに明確に示し、個人別目標の設定をさせる。
	予算策定	担当する課の予算案を策定する。
	実績管理	予算と実績の乖離を管理し、予算達成に向け都度施策を企画し実行する。
	一次承認権限	課長として一次承認権限を持ち、決裁者がその認否を信頼する。
	業績管理責任	担当する課の予算達成責任を持つ。
	人材育成	課のメンバーの育成責任を持つ。定期的に面談を行ない、育成支援をするとともに評価を適正に行ない、気づきを与え、成長を促す。
	人事管理	担当する課の適切な人員管理（メンバーの担当職務決定、一次評価、勤怠管理・承認、労務問題の発見・一次対応）を行なう。
	必要能力	担当する課における上記業務を遂行するための、会社・業界・職種・業務に関する広範な知識と経験を持っており、上位者・下位者より信頼を得られる。

管理職は2つの会議で目標設定と評価を行なう

管理職に求める要件を明確にしたら、管理職がそれを認識した上で集まり、「目標設定会議」「評価会議」を実施してください。「行動の評価」や「目標設定と達成度の評価」が目的です。

評価者として、「なぜそのような評価にしたのか」を示し、他の管理職から「甘くないか？」「厳しすぎないか？」という意見をもらいながら議論します。

目標設定においても、他部署がどのような目標を設定しているのかを共有するのはたいへん大事なことです。自部署との関連がある職務ならば、双方どのような目標にするのか議論することもとても意味があります。

「他部署のことはわからない」「他部署の人は評価できない」という管理職もよく見かけますが、先述の「評価大好き会社」では、管理職が他部署のメンバーのことをよく理解しています。

「あー、彼の課題、前回みんなで悩んだけど、解決したんだね、どうやったの？」といった議論が活発に行なわれています。

「人をみんなで育てる」というのも人事ポリシーの例です。

実は、この「目標設定会議」や「評価会議」こそが、「管理職を育てる」のです。

なまじっかの管理職研修よりとても効果があります。

目標設定と達成度評価は業績に直結します。行動の評価は育成に直結します。会議ではごまかしは利きません。真剣に議論することこそが管理職を育てます。

10

社員のキャリアの意向を確認する

第1章で、1on1について書きましたが、人事ポリシーとして、前述の管理職の役割が明確になっているのであれば、1on1は有効に機能します。

また、評価制度の評価項目や目標が明確ならば、1on1で都度その進捗を確認していくことで、日常的な育成につながります。

企業のキャリアステップが明確に示されていれば、1on1の場面で上司がメンバーのキャリア志向を確認することもできるでしょう。有効なアドバイスができるかもしれません。

また、企業として、人事部門として、社員の意向を確認していくことも大切です。

面談で希望を聞くなら……

しかし、こんな話も聞きました。

ある会社で、中途入社の新任人事部長が「社員全員の話を聞く」と言い、実施しました。取り組み自体は悪いことではないのですが、面談した社員から聞いたところでは、「『人事部に行きたい』と申し出たのに『希望が叶うとは限らないよ』で済まされてしまった。だったら面談の必要ないじゃないですか」とのことでした（実際叶いませんでした）。

これも「考え方をしっかりしないうちに、面談というやり方に走ってしまった」事例です。**「聞いたらその後どうするのか」をしっかり想定しないと、かえって信頼を失います。**

企業として社員の意向を聞く仕組みとして「自己申告制度」があります。異動希望などを把握するための有効な仕組みです。

しかしこれも、使い方次第です。

このような制度があっても、誰ひとり希望部署への異動が叶わなければ、「だったら申告させるなよ」「何を言っても無駄」という空気が蔓延し、企業への不信感を高めてしまいます。

もちろん異動希望が出てきた場合、当然のことながら、全員の希望を実現することはできないでしょう。

しかし、何割かの社員が「書いたら実現しちゃった」となれば、空気は一変します。

もちろん、人事異動は簡単ではありません。優秀な人ほど、所属部署からの抵抗があります。それを異動させたら、人事部門が恨まれます。

それでも歯を食いしばってでも、たとえ社内の誰かと喧嘩することになったとしても、異動希望を実現させていくことが、本人の成長や企業の発展につながります。人事異動は短期的に見ればパフォーマンスが下がる場合もありますが、長期的に見れば社員に大きな成長をもたらす可能性が高いのです。

これも「人事ポリシー」です。企業の人材育成・配置方針に基づきます。


人事異動に限らず、企画や事業案などが「何を言っても実現しない」と思われたら「考えるだけ無駄」と思われてしまい、社員は育たなくなり、企業も成長しません。

経営者や人事部門、そして各管理職は、社員の意見を聞いたら少しでも実現するように努力し、事例が重なっていくことによって、「企業内の世論」を前向きに変えていくことが大切なのです。

「この会社は社員の意見をちゃんと聞いてくれる。この会社にいれば自分のやりたいことが実現できる」……社内でこのような世論が形成されれば、それが希望になります。企業への信頼感につながり、社員が働く強い動機になります。

社員の話を聞いたら、一部は実現させること、ぜひ実行してください。

11

給与が上がる仕組みをオープンにする

社員の等級や評価の結果、そして給与を社内に公開するか、一部に留めるか、まったく公開しないかも人事ポリシーの1つです。

それぞれ功罪があるので一概にはいえませんが、私は人事部長をしていた当時、「等級は公開」「評価結果は管理職と本人限定」「給与は、等級ごとの給与レンジ（幅）は公開、個別の給与額は非公開」としていました。

「あいつは俺より500円高い」ということを知るのはあまり意味がないように思いますが、「あいつと俺は同じ等級」というのは知っておいてもよい、あるいは知っておくべきではないか、と考えたからです。もちろんそれは等級制度や評価制度が適正に運用されていることが前提です。

そして等級が上がると給与がどうなっていくのか、というのも公開すべきです。「3等級になるといくらになる」「3等級の基本給はいくらからいくらの幅」といったことは、隠す必要はないと思います。

それが、ある種の成長意欲につながるのではないでしょうか（もちろんお金だけで動機づけはできませんが）。そして公正な人事制度と思ってもらえるようになると考えます。

給与制度の人事ポリシーを定めたら社員に伝える

何に対して給与を払うのか（成果・行動・能力・職務・勤続・年齢など）を人事ポリシーで定めたら、社員に伝えましょう。

「私たちの会社は『行動と成果』に対して給与・賞与を払っています。基本給は主に『行動』に対する投資として、1等級24万円〜、2等級になると27万円〜になります。賞与は『成果』に対する精算として目標を100％達成したら、2等級なら40万円……」

このように、具体的にわかるように伝えます。

社員もすっきりし、企業への信頼も高まるでしょう。

なんとなく給与が上がっていく、というだけでは、社員のモチベーションは上がらず、終身雇用でも年功序列でもないとされる現代においては逆に不安にさせます。**何をどうすれば給与が上がるのか、その仕組みが理解できれば努力する方向性や目標が明らかになり、社員の成長につながります。**

さらに社員のモチベーションを維持・向上させるには、等級が上がったら（昇格）、グンと給与が上がる仕組みにするのが効果的です。

昨今の定期昇給率は2~3%程度です（ベアを除く）。25万円で2%昇給なら5000円です。同じ等級にいたらその程度でも、昇格して等級が上がることにより2万円ぐらい一気に上がるように設計するのです。

これを昇格昇給といいますが、何年かおきにこのようなタイミングをつくると、社員のモチベーションを長期的に持続させられるのではないでしょうか。

昇給も人事ポリシーに沿って決める

ただし、**勤続主義をとらないのであれば、昇給はどこかのタイミングで止めることも重要です。**

同じ等級ならそこに上限を設けます。勤続主義ではないのですから、1等級の上限額と、2等級の下限額は重ならないべきだと考えます。

また、たとえばコア人材にならないのであれば、年収550万円程度までは昇給が見込めるが、それ以上にはならない、というルールも決めておきましょう。

無制限に社員の給与を上げ続けることはできません。人件費が高騰して経営が破綻します。社員に長く働いてもらうことをポリシーにしている企業は、特に注意が必要です。

高い水準になってしまって、「転職すれば確実に年収が下がる」となれば、中高年層は企業にしがみつき、社員の高齢化が進んでいきます。

それが困るという企業は、転職したらちょっと年収が上がるかも、というぐらいの金額を維持しておくのもいいでしょう。一方で残ってほしい人は上げていく、企業にとってはこのほうが健全なはずです。

このようなポリシーを公開することで、社員はキャリアプランやライフプランを明確にできます。

高収入を求める人はコアを目指し、スキルアップに励むでしょう。

ワークライフバランスを重視する人は、高収入を得られなくてもオペレーターやオペレーションマネージャーとして、自分の価値を維持・高めていくことを選ぶことができます。

またその場合の年収がどのくらいなのかがわかっていれば、生活設計もできるでしょう。この給与ポリシーによって、企業の新陳代謝も図れます。新陳代謝を恐れてはなりません。

ただし、給与テーブルなどは閲覧可、あるいは管理職からの提示は可としますが、配付はしません。他社に流出することは好ましくないからです。社外秘として対応しましょう。

人事ポリシーは、企業の人に対する考え方を明らかにするものです。

評価制度を運用すると、その初期に企業の考え方に合わない人は去っていく可能性があります。その事例を何例も見ています。「評価をされること自体」を嫌って（恐れて？）去っていく人もいます。しかし、自分の価値観に合った企業で働くほうが本人にとっても幸せなはずです。

給与未満の働きしかしない人、成長しようとしない困った人には退職勧奨もあり得ます。解雇は難しいですが、労働契約の合意解約という方法はあります。退職勧奨そのものは違法ではありません。辞めたくない人には、企業が求める行動と成果をきちんと要求しましょう。

そうした環境が企業も人もより成長させていくのです。

等級制度、評価制度、給与制度といった人事制度は、すべては「人の成長による企業の成長」につながるようにリンクしています。**人事ポリシーを明確にして人事制度に反映させて運用すれば、人が変わり、企業も変わります。**

以上のように、「人事ポリシー」を伝えるべきは社員に伝え、人事制度などの施策に展開していきましょう。そして、各施策の運用時には、必ず人事ポリシーに立ち返って、そこからブレないようにしていくことが肝要です。

人事部門のポリシーをつくる

Chapter 6

01

人事部門にポリシーはあるか

人事部門あるいは人事担当者にも「ポリシー」は求められます。

企業の人事ポリシーが明確になれば、それに基づき、どのように人事施策を運用していくのか、また日々どのように社員と接していくのか、などのポリシーが必要となります。

人事部門のポリシーをつくり運用する

企業としての人事ポリシーが明確になったら、「人事部門のポリシー」もつくりましょう。採用や制度は全社的なものであり、企業の人事ポリシーに基づき企画されていくべきものです。

しかし人事部門はそれだけではなく、アルバイトやパートも含めた従業員個々人と向き合う仕事でもあります。その向き合い方にも、一貫性は必要です。一貫性は必要なのですが、従業員個々人が抱えている問題はさまざまです。すべてが「個別対応」になります。一貫性と個々の事情の折り合いをどうしていくかといった人事部門のポリシーも大切だと考えます。

以下は、私が人事部長時代に掲げていた人事部門ポリシーの事例です。

①会社のベクトル（理念・ビジョン・価値観など）と、社員のベクトル（キャリアビジョン・ライフビジョン）をできるだけ合一にしていくこと
②会社で働く人たちは、雇用形態に関係なく、その場を有意義に過ごしてもらいたいということ
③その会社で働くことで、その人が、将来、他社でも働けるようになってもらえること
④会社はそういう人たちが「世の中に価値を提供する」場であって、社員が「何を会社から得るのか」はその次であること
⑤与えるものと得るものを取り違える人に対しては厳しく当たること
⑥一生懸命がんばっている人を応援・支援すること。それを阻害する人がいれば戦うこと
⑦「変えるべきもの」と「変えてはならないもの」をしっかりと見極めること
⑧流行りものに安易に飛びつかないこと
⑨人事領域の全体像をつねに意識すること
⑩とにかく人事は人に対して悩むこと

⑪他責にならない。人のせいにしないこと。そういう人には厳しく当たること
⑫「ならぬものはならぬ！」とはっきり言う勇気を持つこと
⑬裏はあっても影はないこと
⑭社員をよく知ること、そのための努力をすること
⑮自分を知ってもらうこと、開示すること
⑯されど、人はわからない。わかったとは決して過信しないこと
⑰ルールとしての規程（就業規則等）はものすごく大切。それが人事の憲法。公正さを担保する。しかし、人生ひとそれぞれ。社員が個別に抱えている悩みはさまざま。個に対して真摯に対応すること

⑬の「裏はあっても影はない」というのは、自分で考えて、「けっこう人事らしい」と悦に入ってしまったのですが、「人事担当者がすべて本当のことを話しているわけではない」ということは周知の事実だと思います。すべての情報を伝えられるわけでもなく、すべて本当のことを語るとも限りません。端的にいえば、それは嘘をついていることにもなります。しかしそれはある程度社員もわかっていると思います。その嘘といえるものが、「相手のためである」ものであるなら、やむを得ないときもあると私は考えています。

その意味で「裏」はあるのです。

しかし、人事担当者が「自分のための嘘」をついてはなりません。それでは信頼を失います。自分のための嘘は「影」になります。「ダークなサイド」です。難しいことですが、これが社員に伝わっていれば、人事部門はある程度信頼されると考えています。

⑰の「規程はものすごく大切、しかし、個に対しては真摯に対応する」というのは、人事規程類は人事としては遵守しなければならないことで、これが大前提ですが、規定されていない事象や、解釈の問題が起こることもあります。

個々の事情を踏まえて、どうすればできるだけ社員に寄り添うような対応ができるのか、それを真摯に悩むべきだと考えます。

もちろんその前提は、⑤、⑥にある人材に対してです。そのためにも社員個々人を知っておく必要があるでしょう。面談できればよいですが、社員数が多い場合には、自己申告制度などで情報を得ておくこともできるでしょう。評価会議での情報収集もできます。

紹介した私の人事担当者としてのポリシーが、すべて正しいとは思いません。

企業ごと、そして人事担当者ごとにあってもいいと思いますが、人事部門として、統一の考え方を持って、日々の業務を行なっていくことが大切だと思います。

私が人事部長として働いていた当時、子育てをしながら働く女性マネージャーがいました。時短勤務ではないものの学童保育の時間は限られており、残業は避けたい状況です。

しかし、勤怠を見てみると、21時や22時まで働いている日がありました。

おかしいと思い本人に確認したところ「仕事が終わらないので、少し遠くにいる親に来てもらってフォローしてもらったりしながら働いている」とのことでした。

親御さんが助けてくれるのはよいのですが、それでも恒常的にそれをお願いすることは、今度は親御さんにも負担をかけるでしょう。

彼女自身、体力的にも精神的にも追い込まれている状況です。彼女の上司や本部長に確認したところ、「そういった事情は知らなかった」ということでした。

私は人事部長でしたから、彼らに対して厳しく叱らせていただきました。「彼女、よくやってくれているんだよねー」じゃないだろと。

彼女が負担なく働けるような対応をするように伝え、人事としてもその勤務時間をつねに見ておくこと、そしてそういった人たちが育児や介護などと両立できる制度の導入に結びつけました。しかし、放っておくと、彼女はがんばってしまいます。個別によく見ておかないと、結局は負担が軽減されません。

仕組みだけでなく、人事部は社員と（社員をマネジメントする管理職と）普段のマネジメントとコミュニケーションをつねに取っておかなければならないのです。

02

煙情報を収集する

人事担当者としてのとても有用な情報収集場所といえば、昔は「喫煙所」でした。そこにいけば、役員から新入社員まで、さまざまな立場や部署や職種の人たちが（もちろん喫煙者のみですが）立ち寄っていました。そこで、いろいろな話を聞けました。私が人事部長だったときも、オフィスや廊下では改まって私に声をかけにくくても、喫煙所ならたわいもない話ができたそうです。

しかし、人事担当者としては、その「たわいもない話」が重要だったりします。

「たいしたことはないとは思うんですけど……」

「最近○○さん、ちょっと変な気がするんですけど……」

私たちはそれらを**「煙情報」**と呼んでいました。

「火のないところに煙は立たない」といわれます。

煙情報の事実関係を確認して、問題がなければそのままでよいのですが、実際少し調べてみると、そこに大きな問題があった、ということもしばしばありました。

ハラスメントかどうか微妙なケースと認識されていたものの、調べると「それ、完全アウトじゃん」といったことがわかってしまうこともありました。

残念な退職を未然に防ぐことも人事の大切な仕事ですが、これも煙情報から入手します。

「煙」に人が集まらない時代の「煙情報」の入手法は？

昨今は喫煙率も下がり、仮に、フロアの奥まった薄暗い一隅など、虐げられた場所に喫煙所があったとしても、みんなスマホを見ているので昔のようにはいきません。

では、どうするのか？


私は喫煙所以外でも、時間があるときに、社内をうろうろしていました。

管理職やメンバーに、「最近どう？」と声をかけてみるだけでも「おや？」というものは見えたりします。

また、自分だけでは十分ではないので、特定の役員や管理職、また年度ごとの新卒入社者の中からこれぞという人を選び、「何かあったら教えてね」というネットワークをつくりました。いわゆる「スパイ」です。新卒の「同期会」があると聞けば、「どうだった？」と確認していました。そういうところでも意外な「退職予備情報」が入ってきたりします。

これらの問題を予見、または発見したときも、「人事ポリシー」と「人事部門ポリシー」に則って対応していくことになります。放っておくのか、介入するのか、事実関係を確認するのか、これも人事としての軸となる社員に対する考え方がなければなりません。

人事部門のポリシーの1つの例として、**「煙（におい）」→「仮説」→「発見」→「事実確認」→「判定」→「実行」の流れを重視する**、つまるところ、「発見」したとしても「事実確認」をしたうえで判定することが大切である、という考え方があります。

人事担当者は、社員の話を「真に受けて」しまってはなりません。「そういうことがあるかもなあ」として仮説として臨み、事実確認をしなければ、間違った判定をして、間違ったことを実行してしまうかもしれません。

「判定」→「実行（実行しないという判定をすることもある）」のあとも、記録に残す「**入力**」、判定の際に過去の類似事例を確認する「**参照**」、それらの情報を「**保持**」していくことも求められます。

いずれにしても、**情報を入手できるような体制を持っておかないと、人事施策は功を奏しないといえる**でしょう。

03

モンスター社員への対応

「モンスター社員」または「問題社員」は、仕事に対する姿勢や言動、職場での態度等に問題がある従業員で、企業に対して著しく不利益を与えるものです。多くの企業で悩みの種になっています。

人事部門のポリシーで、私は「④会社はそういう人たちが『世の中に価値を提供する』場であって、社員が『何を会社から得るのか』はその次であること」「⑤与えるものと得るものを取り違える人に対しては厳しく当たること」と書きましたが、これらはモンスター社員には「毅然として対応する」というポリシーです。

モンスターかどうかの判定は慎重に行なわなければなりませんが、モンスターと判定したら、モンスターとして対応します。懲戒や退職勧奨に至るケースもあります。

これまでさまざまなモンスターと対峙してきました。その内容により、対応もいろいろでしたが、きちんと対処しないと他の社員へ悪影響を及ぼします。本人だけの問題ではなくなります。組織の問題に発展してしまいます。

そして会社として毅然と対応しないと社員全員からの信頼を失います。

いずれにせよ、「絶対に放置せず、厳しく対応する、必ず解決する」というのも人事部門のポリシーでした。

04

人事マネージャーを育てる

人事ポリシーを明確にし、基幹的な人事制度を整え、人事部門のポリシーも明確にしたら、社内にくわしい人材を人事部門に置き、人事マネージャーとして育ててください。

人事部門が企業をよりよく成長させていくためには、できるだけ幅広い視野を持ち、その施策の次の次を考えていける人材が必要です。それに最もふさわしいのは、企業の理念と事業を深く理解し、社員個々人のことをよく知っている社内の人材です。

基幹的人事制度を構築するまでは、他社で人事を経験してきた人が適しています。土木工事、基礎工事の型はほぼ共通ですから、そこを知っている人材がよいでしょう。

ただし、気をつけてほしいのは、この外部採用の成功確率は高くないことです。

特に「人事部長」として採用する場合は、本当に、土木・基礎工事とその運用まで経験しているのかを慎重に判定する必要があります。その経験がない「人事部長候補」も多くいます。採用に長けている人、教育に長けている人などです。

また、外部から人事部長を採用すると、その人が「とにかく変えることで存在意義を発揮しよう」とするケースが多々あります。

各種研修や社内イベントといった「おもしろ人事」だけなら失敗しても痛手は小さいですが、等級制度・評価制度・給与制度など、企業の土台、根幹となる仕組みを安易に、根本的に変えられて失敗すると、これは致命的です。建物が崩れます。

数年経ってその施策が失敗だったとわかる頃にはその人は辞めていて、社内には混乱だけが残る、そんな事例が数多くあります。その間に多数の社員が辞めたり、人間関係が悪化したり、企業への信頼が失われたり、そして業績が悪化することもあります。とても痛い失敗です。

人事という領域は非常に幅広いため、すべてを見渡せる人材をすぐに育成するのは難しいかもしれません。しかし人事ポリシーに基づいて基幹的な人事機能が備わっている企業なら、内部の優秀な人材を人事マネージャーとして抜擢し経験を積ませていきましょう。

人事は経営層とも近く、現場とのコミュニケーションも必要な仕事です。社内の事情にくわしい、経営者が期待し信頼しているエース的な人材が望ましいところです。

私の知る企業でも、現場経験が長い人材が、人事マネージャー→人事部長となって安定的に人事が運用されている会社が数多くあります。

必要な資質は次のようなものです。

- **経営理念を自らの言葉で熱く語ることができる**
- **自社の人事ポリシーを網羅的に理解し、各施策がポリシーに則っているかをつねに検証できる**
- **過去から現在までの社内のことをよく理解している**
- **経営陣・経営幹部層との信頼感のある人的ネットワークを持っている**
- **組織構成と職務分掌（各部門がどのような機能を持っているか）を理解している**
- **社員個々人のことを知っている**
- **自身のキャリアビジョン・キャリアプランを持ち、語ることができる**

基幹的な人事機能がまだ備わっていない企業は、労働法規や就業規則といった「ベタベタな人事」は社会保険労務士に、等級制度・評価制度・給与制度といった「ベタな人事」は、外部の人事のプロに依頼し、採用イベントや研修など「その企業らしさ」が必要となる部分はプロパーの人事マネージャーを育成していくといった分業制で構築していきます。その過程でプロパーの人事マネージャーが、「ベタな人事」や「ベタベタな人事」を学んでいけばよいでしょう。

企業人事に魂を込め、自社の理念を具現化していく役割は、社内をよく知っている人材こそ最適です。任命して、あとは人事を学んでもらい、人事マネージャーの育成に成功すれば、優秀な人材の採用、人・企業の成長を加速させることができます。

05

人事担当として「例外」と「変更」を見極める

人事ポリシーを活用し、制度・育成・教育に反映させていく大事なことをお伝えしてきました。

最後にもう一度繰り返しておきます。**「人事ポリシーをブレさせず貫く」……これが社員に信頼される一貫性のある企業人事と人事施策展開をしていくための最も大事なポイントです。**

制度構築、採用、教育などの各場面で、必ずポリシーに立ち返って、そこから外れていないか、マッチしているか、その都度確認してください。

第3章でも触れましたが、一方で経営者という人たちは、直感を重視し、多くの情報にも触れ、会社をよりよくしていこうという想いから「インセンティブ制度を入れよう」「若手を抜擢しよう」「教育に力を入れよう」など、さまざまな提案をしてきます。

そうしたときに1回立ち止まって「それは会社の人事ポリシーからはずれていないか?」

「ブレていないか？」を精査するのが、人事部門の役割です。

もしもそれが明らかに人事ポリシーから外れているときは、「社長、前にこうおっしゃいましたよね」という一言は非常に効きます。

私が人事部長を務めていた頃も、社長の直感的な思いつきにずいぶん振り回されました。大きな成果に結びつく素晴らしいものも数多くありましたが、私は「わかりました」と言ったとしても、そのすべてを即座に実行することはありませんでした。だいたい三日三晩置いておいたものです。

これは勇気がいることですが、社長自身が忘れてしまうことも多いのです（私は忘れたふりはしても忘れてはいませんでしたが）。

また、社長からの指示の種類ごとに「すぐにやるべきこと」「3回言われたらはじめて取り組むこと」と自ら判断して分けていました。

そして社長の提案が人事ポリシーからはずれている場合には、「社長、うちのポリシーはこうでしたよね。ご指示はそこからはずれているように思われますが……」と話し、「それでもやる」という場合には、「それは例外ですか、それともポリシーの変更ですか？」と確認していました（「変更だ」とおっしゃっても、これもまた三日三晩置いて再度確認しにいくと、「例外だ」ということになることも多々ありました）。

企業を経営していれば、例外的な施策も当然あります。ただし**「例外」はあくまで例外として認識しておくことが大切**です。

それが「例外」ではなく「変更」である場合は、人事ポリシーを変更することになり、人事ポリシーの変更は、すべての制度や施策を根本的に考え直すことになります。

制度は変更したら簡単には戻れない

たとえば、「成果主義オンリー」だった企業が「行動と成果」に変更する、となると等級制度・評価制度・給与制度といった仕組みを変える必要が出てきます。

成果主義オンリーで、12分割の年俸制を、基本給・賞与制に変えれば、年収は同じでも月給が下がります。社員は年俸制12分割の月給をベースに住宅ローンなどを組んでいるかもしれず、私生活に大きな影響を与えてしまいます。

それでもやるという強い意志があるのであれば、あとはやり方を考えて、移行方法を実行します（私もこれまで何度か、クライアントの「12分割年俸制」を「基本給・賞与制」

に移行したことがあります)。
そして一度「変更」したら、簡単には元に戻れません。

人事ポリシーと違う施策や対応を求められたら、「今回だけですよね?」「今後はこうするのですか?」と念を押し、「例外的にそうするのか」「それをスタンダードにするのか=人事ポリシーの変更をするのか」を確認するようにしましょう。

06

人事ポリシーをブレさせない

人事ポリシーのブレには、さまざまなケースがあります。

たとえば「若い人を処遇していく」ために、年功ではなく、成果と行動を重視することを人事ポリシーにしている企業でも、実態はそうではない場合があります。

経営者だって悪者になりたくありません。成果を出していないベテラン社員がいても、長年勤めてくれたことを知っている経営者が、職位や給与を下げられず、若い社員の何倍もの高い給与を払い続けていたりすることも少なくありません。

このような場合は社内の誰かが声をあげることが必要です。

「社長、若い人をもっと処遇するとおっしゃいましたよね」

「大ナタをふるわないと、若い人の年収を上げられません」

そういう提言は（タイミングにもよりますが……）、経営者の心にも響きます。

人事ポリシーを守ることは企業を守り、社員を守ることにもつながるのです。

07

人事部門でなくても、変えることはできる

いま、この本を読んでいるあなたが、経営者と直接話す機会がなかったり、人事に直接タッチしたりしていなくても声をあげることはできます。

あなたの会社に人事ポリシーがなかったり、曖昧だったりしたとしても、上司を動かし、経営層を動かし、人事制度自体を変えることもできます。

部下が、同僚がいるなら、彼らを巻き込んで上司に提案する、他部署の同期を動かす……。

もちろん会社の人事制度を変えることは簡単ではないでしょう。しかし、変えることに成功し、成長している会社も数多くあります。

変革力があり、新しい価値を創造できる人材は、多くの企業が求めている企業の将来を担うコア人材ですから。

あなた自らが人事マネージャーになり、会社を変えることだってできるはずです。

おわりに

英語で「ネガティブ・ケイパビリティ」といわれる、「モヤモヤする力」というものが注目されているそうです。

答えのない問題に直面したとき、すぐに結論を出さずにモヤモヤし続けることもある種の「力」だという考え方です。

私はここ35年、「モヤモヤ」しっぱなしです。「人事」という仕事は、まさに「モヤモヤ」です。答えが見えません。そもそも何が問題なのかすら、すぐには見えません。

しかし一方、企業人事は、「なんらかの答えを出さなければならない仕事」ともいえます。労務問題が発生したとき、ひと通りの事実関係を確認したら、「結論をどうするのか」という答えを決め、そこに向かって「どのようにしていくのか」という方法を考えていきます。

そうしなければ、解決に向かっていきません。これは人事にとってとても大事なことで、人事のメンバーに指示するときも「どこに向かっていくのか」を共有しておかないと、とんでもないところにたどり着いてしまいかねません。

それでも、その間、ずっと「モヤモヤ」しているのです。答えは出しましたが、本当に正しかったのか、いつも「モヤモヤ」しています。それでもそのモヤモヤと同居しながら、前に進まなければなりませんでした。

企業人事はモヤモヤの連続です。人はそれぞれ違います。人が何を考えているのか、完全には決してわかりません。それでも人と一緒に働いていかなければなりません。「やる気に満ち溢れている」ように見えても、まったく違うかもしれません。逆も然りです。「人はわからない」のですから、モヤモヤするのです。

そのようななか、人事ポリシーは、モヤモヤするための「1つの切り口」かもしれないと思うようになりました。モヤモヤも、ただやみくもにモヤモヤしていても始まりません。「どうモヤモヤするのか」といった切り口が、人事ポリシーのフレームなのではないでしょうか。

評価制度も同様です。評価基準が見えにくい、などと管理職からの悩みを聞きますが、コンピテンシーにしろ成果の達成基準にしろ、それは「悩むためのネタ」であって、人を評価するときに、「どう悩むべきなのか」の指針、道具になるものが「評価基準」なのだろうとも思います。

人事は悩みからは決して解放されません。悩むことが仕事ともいえます。しかし、正しく悩む、というのが、企業人事を長年見てきた私の願いです。

人事ポリシーによって変わるのは、企業だけではありません。

人事ポリシーは、自分自身の働き方や今後の方向性を考えるツールになります。

あなたの会社が求めているのは、「成果」なのか「行動」なのか「職務」なのか、あるいは「勤続年数」なのか「年齢」なのか。働く目的は「価値の提供」なのか、「もらえるお金」なのか。モチベーションは「仕事そのもの」なのか「組織・チーム」なのか、「生活」なのか。

逆に、あなたが会社に求めているものは何なのか。何を評価してほしいと思っているのか。

そして、あなたは「コア」「スペシャリスト」「オペレーションマネージャー」「オペレーター」、どの働き方を選択し、どういう道を歩んでいくのか。

人事ポリシーフレームを1つひとつ、「自分」に照らし合わせて考えてみることによって、あなたの働くスタンスやキャリアビジョン、ライフビジョンが見えてきます。

いまの会社と方向性が合っていて、長くそこにいたければ、それを目指して努力すればよいでしょう。

方向性が違うのなら、別の道に進む選択もあるでしょう。

また、会社を変えたいと思うのなら、経営層や上司と話し合ってみるのもいいでしょう。

人事ポリシーフレームは、そんなコミュニケーションツールとして活用できます。


先日、ある企業グループの人事担当役員が、「あー、僕は何年も、やり方で悩んできたんだ」「考え方としての人事ポリシーを知っていたら、こんなに何年も行ったり来たりしなくて済んだのに」とおっしゃって、私たちを呼んでいただきました。

社長・役員、グループ会社の社長を集めて、「みんなで人事ポリシーを考える会」を実施しました。歴史のある会社でいろいろな価値観の方がいらっしゃるのですが、思った以上に活発な意見交換になり、「あ、たしかにこれからはそう考えるべきかも」「しかし一定の年功は大切だ」という議論がなされていました。心なしか、会が終わったときに、皆さんすっきりした顔をなさっていたように思います。

「どう考えるのか」ということに関して、それぞれが「モヤモヤ」していたんでしょう。「モヤモヤ」がなくなることはないかもしれませんが、「これからこう考えていこう」という合意形成がなされれば、悩み迷う点は少なくなるでしょう。

人事が施策を展開したときの理解も得られやすくなるはずです。

本書は『働き方が変わる、会社が変わる、人事ポリシー』として2017年に方丈社から刊行されたものを、大幅に加筆修正して、今回刊行しました。

2017年から数年で、世の中では大きなことがいろいろ起こりました。特にコロナ禍で、働き方が大きく変わりました。生成AIというものも急に出現し、これも働き方を大きく変えていくでしょう。

しかしながら、人事ポリシーのフレーム自体は、大きく変わっていません。「副業を認めるか」などは働き方の変化で考えなければなりませんが、それ以外、人に対する考え方を考えるフレームは普遍的で汎用的なもののようです。

人事の軸としての人事ポリシーは、企業ごとに明確にし、その後変更することがあっても、汎用的な「モヤモヤする人に関するネタ」には大きな変化はないのかもしれません。

「人事がつくる信頼、そして成長」。

これは私たちの会社の経営理念です。

人事がつくる信頼、の1つが人事の軸としての人事ポリシーです。

「人事で一番大切なこと」は、考え方をしっかりすること、その上で適切に悩むこと、だと考えます。

本書が、多くの企業と人の成長を推進するヒントとなりましたら、これほど嬉しいことはありません。経営者、管理職、人事担当者、そして働くすべての人にとって少しでもお役に立ち、「いい会社」「いいキャリア」がたくさん生まれることを祈っています。

本書を出版するにあたり、多くの方々に協力をいただきました。

クライアントの経営者、人事担当者の皆さん、これまで一緒に働いてきた皆さん、フォー・ノーツ株式会社のメンバー・パートナー、日本実業出版社の皆さん、特に川上さん、山田さんに感謝の意を表します。

そして本書を手にしてくださいました読者の方々に、心よりお礼申し上げます。

２０２３年11月　西尾　太

西尾太（にしお　ふとし）

人事コンサルタント。フォー・ノーツ株式会社代表取締役社長。「人事の学校」主宰。1965年、東京都生まれ。早稲田大学政治経済学部卒。いすゞ自動車労務部門、リクルート人材総合サービス部門を経て、カルチュア・コンビニエンス・クラブ（CCC）にて人事部長、クリエーターエージェンシー業務を行なうクリーク・アンド・リバー社にて人事・総務部長を歴任。これまで500社以上の制度設計・導入や1万人超の採用・昇格面接、管理職研修、階層別研修、人事担当者教育を行なう。パーソナリティとキャリア形成を可視化する適性検査「B-CAV test」を開発し、統計学に基づいた科学的なフィードバック体制を確立する。中でも「年収の多寡は影響力に比例する」という持論は好評を博している。著書に『人事の超プロが明かす評価基準』（三笠書房）、『この1冊ですべてわかる　人事評価の基本』（日本実業出版社）などがある。

人事《じんじ》で一番大切《いちばんたいせつ》なこと

2023年12月1日　初版発行
2024年9月1日　第4刷発行

著　者　西尾太
発行者　杉本淳一

発行所　株式会社 日本実業出版社　東京都新宿区市谷本村町3−29 〒162-0845

編集部　☎03-3268-5651
営業部　☎03-3268-5161　振　替　00170−1−25349
https://www.njg.co.jp/

印刷／木元省美堂　製本／若林製本

ISBN 978-4-534-06062-4　Printed in JAPAN

カテゴリ	項目	人事ポリシーフレーム	スタンダード型		ドラスチック型		伝統企業型	
			選択	コメント	選択	コメント	選択	コメント
h	年収水準	目指すべき年収水準	業界水準＋α	業界水準を考慮し、それよりもやや高い水準を基本とする	上の2は高年収	処遇差をつける。上の2は外資系を想定した水準とする	世間水準	1000人以上の企業の賃金統計の水準とする
i	企業の成長ステージ	新規領域（創業期）／急成長期／安定成長期／変革期	成長期	成長期であり、仕組みを整えるステージ	成長期＋変革期	成長事業はより伸ばす。変革事業はスクラップアンドビルド	安定成長期	より仕組みを整える。その中で新規事業をつくっていく
j	リーダーシップ／マネジメント	リーダーシップ／マネジメント	マネジメント重視	仕組みをつくって高速で回転させる	リーダーシップ重視	オペレーションについてはマネジメント強化。それ以外はリーダーシップを重視する	マネジメント重視	きっちりとPDCAを回せる人材を重視。部長層以上のリーダーシップを強化
k	人材ポートフォリオ	コア／スペシャリスト／マネージャー／オペレーター	オペレーター→マネージャー→コアもしくはスペシャリスト	基本はオペレーター→マネージャー→コアの流れで社員を育てたい。または、業界のスペシャリストになってほしい	スペシャリスト⇒コア オペレーターとそれを統括するマネージャー	社員は基本的にコアで構成。誰でも回せる仕組みをアルバイトなどのオペレーターが回し、オペレーターからそれを統括するマネージャーを選任する。マネージャーは契約社員を想定	オペレーター⇒マネージャー⇒コア	オペレーターでも十分生活できるようにしていく。その一部がマネージャーであり、さらにその一部がコアになる
		ワークライフバランス／ワークライフブレンド	両方。コア人材はブレンド	社員のライフスタイルに合わせ、働き方を選択できる多様性を持つ	ブレンド	仕事重視のライススタイルを求める。そのために高年収を目指させる	バランス	社員のワークライフバランスを大切にする。部長以上はブレンド
		雇用形態それぞれの定義	正社員はコア候補	正社員はコア及びスペシャリスト候補のみ。その他は別の雇用形態とする	正社員・業務委託	一定の安定性の正社員と、高年収を望める業務委託。オペレーター等は正社員以外とする	原則正社員	原則正社員とする。一部アルバイト・パートを補助的に活用する
		業務委託／AI・RPAの活用	AI・RPAを活用	今後積極的にこれらを活用	すべて活用	業務委託を増やす。AI・RPAは積極活用する	AI・RPAを活用	活用できるものを検討していく。その際、社員の配置変更を要検討
l	ゼネラリスト／エキスパート	ゼネラリスト／エキスパート	ゼネラリスト基本	コア人材育成に主眼を置く	エキスパート主体	コア人材も基本的にエキスパートの延長を想定する	ゼネラリスト基本	ジョブローテーションによる育成
		メンバーシップ型／ジョブ型	メンバーシップ型	事業間異動を想定する。スペシャリストはジョブ型	ジョブ型が基本	ジョブ型を基本として育成。一部コア候補のみ事業間異動あり	メンバーシップ型	ジョブローテーションによる育成
m	資本・資源	人的資本／人的資源	資本と資源	アルバイトや契約社員は資源ととらえ、社員は資本とする	ブレンド正社員・業務委託 すべて活用 エキスパート主体 ジョブ型が基本	誰でもできる仕組みをつくり、資源としての人が回す。仕組みづくりをする人が資本	資本	継続投資をして育てていく。長期育成を想定する
n	副業	副業を認めるか	コア人材以外は認める	コア人材以外の副業を認める	業務委託のみ認める	正社員は本業に邁進させる	一部認める	40歳以上のセカンドキャリアを見据え、認める
o	採用の方向性	新卒／中途	新卒・中途両方	新卒、中途ともにバランスよく採用したい	優秀な人材（中途・新卒は区別しない）	上の2を構成する人材であれば、中途・新卒にこだわらない	新卒重視	新卒採用、長期育成
p	協調性／主体性	チームプレイ／個人プレイ	両方必要まずは主体性	主体性をまず重視する。ただし個人のみでは限界があるので、さらなる成果を期待する場合、チームワークも必要になる	個人プレイ	個を尊重する。個が自由に働ける施策を展開する。チームプレイはプロジェクト運営として最低限求める	チームプレイ	和を大事にする。協調性を重視する
q	組織形態と働き方（野球かサッカーか）	△／▽	△ 野球	まずはピラミッド組織をしっかりつくり、マネジメントが徹底できるようにする	▽ サッカー	社員それぞれが何をすべきかを考え実行する。一定のルールのもと、自らの判断で動く	△ 野球	組織を健全な状態に保つ。ルールに基づき、適切な指示命令を行なう
r	心と能力	心／能力	心	心がきれいな人は、自ら努力していくので自然と能力は高まる	能力	まずは能力。心は仕事をしながらきれいにしていく	心	能力より心を重視。心さえきれいなら仕事は与えられる
s	その他求める人材像	その他求める人材像	明るく、笑顔で、素直	いつも明るく、お客様や社員から好かれる人がいい。ハードワークにも耐性があり、人からの教えを素直に受け取れる。また、若手の場合、チャレンジ精神をつねに持って、主体的に行動できる人がほしい	主体性・野心・エネルギー	自ら考え、自ら動き、周囲を巻き込み進む人。リスクを厭わない、冒険を厭わない。挑戦する。挑戦に失敗したら責任を取る覚悟を持つ（会社は次につながる失敗ならば許容する）。ビジネスをつくり、収益をつくり、収入も高くしていくことを志向する人。仕事>プライベートである	協調性	周囲を気遣い、家族としての社内の和を乱さない。周囲の協力する。協調性重視。きっちりと与えられた仕事をこなす人。信頼できる人。ルールを破らない人。安定を望む人。長く安定的に働くことを志向する人。安定性を給与水準よりも重視する人（給与水準は高くはないが、生活ができるレベルとする）

こと。仕事に

して組織の和を大切にする

b	ジョ リソース		職場型	「……が好きである」という前提に立つ。会社や一緒に働く仲間が好き!という社員が多く、仲がよいことが前提	仕事型	コアは仕事型。仕事にこそやりがいを感じる人材。その他は生活型でよい	組織型／生活型	社員の和を大切にする。会社と仲間を好きになってもらう。その上で、プライベートの充実を目指し、家族主義を貫く
c	就業観	X理論／Y理論	基本Y 部分的にX	基本はY理論の志向ではあるが、経営上X理論にせざるを得ない部分がある	コアはY 仕組みの運用はX	コア人材はYで、管理はしなくていい人たち。仕組みを回す部分はXで管理	Y	社員は家族であり、信頼に値するものとする
d	何を大事にして評価するか	成果主義／ 行動主義／ 能力主義	成果＋行動	成果と行動を重視する。きちんと成果を出しつづける行動ができるようにしていく	成果	継続的な成果創出をしていることを最も重視	能力・行動	仕事をしていく能力とその発揮度合いを見る。特に若年層は仕事をするスキルを身につけさせる
		職務主義 (ジョブ型)	スペシャリストにジョブ型	基本的にメンバーシップ型であり、ジョブ型は取らない。ただし一部スペシャリストについてはジョブ型として育成・処遇する	ジョブ型 コアはメンバーシップ	基本はジョブ型でスペシャリストを育成する。一部コア人材はメンバーシップ型とする	メンバーシップ型	ジョブ型は取らない。ジョブローテーションを主体とする人材育成を行なう
		年齢／勤続主義	一部 勤続主義	年齢は見ないが、長く会社に貢献してくれた社員には報いたい(勤続表彰等)	一切見ない	成果に関連しない要素は一切見ない	家族主義	社員の家族も大事。家族を持って、家族が幸せになれるような施策を展開していく(手当・イベント等)
		年功／ 生活保障主義	若年層の住宅事情を考慮	若年層の住宅事情を鑑み、一部住宅手当を支給	一切見ない	成果に関連しない要素は一切見ない	年功・生活保障	年功に報いたい。住宅手当・家族手当・寒冷地手当などの生活支援を行なう
		時価払い／ 後払い	時価払い	現在のパフォーマンスのみを見る(年功を鑑みない)	時価払い	現在のパフォーマンスのみを見る	後払い	家族構成を鑑みて、中高年層が安心して家族を育てられるように考える
e	何に対して給与・賞与を払うか	投資／精算	基本給は投資 賞与は精算	行動による投資価値を基本給に反映。賞与は成果の精算	基本は精算	精算価値を年俸に反映する	投資	能力と行動を基本給に反映(年功色は残す)。 賞与は生活給部分を鑑みる
		積上・積下／ 洗い替え	基本給は積上・積下。賞与は洗い替え	基本給は積上・積下方式。賞与は洗い替え方式	洗い替え	年俸は洗い替え	積上・積下	基本は積上・積下。賞与は一部洗い替え(賞与の30%程度)
		基本給の根拠は何か	投資価値	行動の評価による投資価値により反映(コンピテンシーの発揮度合い)	成果により決定	前年度成果評価により決定	投資価値	能力と行動及び勤続・年齢を総合的に勘案して決定
		昇降給概念	投資価値により 昇給・降給	行動の評価による投資価値の増減により、昇給・降給を行なう	成果により昇降給	前年度成果により昇降給する	定期昇給を重視	勤続・年齢を鑑み、定期昇給する(基本給の降給は想定しない)。 加えて能力と行動により加算する
		賞与の根拠は何か	会社・組織業績と個人目標達成度	会社・組織業績と個人の成果評価により決定する。支給0も想定する	会社・組織業績と個人目標達成度	年俸総額により決定する。基本年俸を14分割し、夏・冬に1/14を支給する	会社業績・個人成果と生活給	賞与の70%は会社業績により決定する。生活給的要素を鑑みる。個人成果を残り30%に加味する
		手当はなんのために支払っているのか	不公平な手当は排除	若年層の住宅手当以外の属人的手当は支給しない	支給しない	労働時間に関するもののみ法定により支給	生活保障	家族・住宅手当等は生活保障のために支払う
f	2:6:2	2:6:2の重視する層(底上げ／格差)	上2に差をつける中6と下2も成長させる	上2と中6下2の処遇には格差をつけたい。そして、みんな上2を目指すようにしたい。下2も切りはしないが、きちんと成果に応じて処遇する	上の2	上の2(コア)を高く処遇する。6は少数のオペレーティングマネージャーとオペレーター。下の2は毎年代謝する	全員	理念に共感している限り、縁があった人はどんな人でも仲間とする。処遇差はつけるが大きくはない。すべての人ができる仕事をしっかりすることを目指す
		基本給を下げる／ 下げない	下げる	投資価値によって下げることもある	下げる	業績・成果によっては下げる。 基本はUP or OUT	原則 下げない	年功・勤続を鑑みるため、下げない。ただし「上げない」ことはある
g	代謝概念	長期雇用／ 新陳代謝	投資価値によって下げることもある	基本的に社員は全員資本ととらえるので、長く働き成長してほしいが、過度なローパフォーマーには代謝を求める場合もある	代謝	コア人材は数年～10年程度を想定。人が入れ替わることは厭わない。長期勤続が目的ではない。成果を出すそのときにそこにいる人材こそが大事	長く働く	長期勤続。定年までいてほしい。定年まで少しでも給与は上げていく